LE CERF

DES MÊMES AUTEURS

Jean-Pierre Laurant :

René Guénon, les enjeux d'une lecture, Paris, Dervy-Livres, 2006, Figures de l'esprit.

Le regard ésotérique, Paris, Bayard, 2001.

Le Voyage, Paris, Philippe Lebaud, Symboles, 1995.

L'Ésotérisme chrétien en France, Lausanne, L'Âge d'Homme, 1992.

L'Antimaçonnisme catholique, les Francs-Maçons de Mgr De Ségur, J.-P. Laurant & Émile Poulat, Paris, Berg International, 1994.

René Guénon (dir.), Cahiers de l'Herne, Paris, 1985, n° 49.

Symbolisme et Écritures, le cardinal Pitra et la clef de Méliton de Sardes, Paris, Cerf, Patrimoines, christianisme, 1984.

Matgioi, un aventurier taoïste, Paris, Dervy-livres, 1981.

Thierry Zarcone :

Le Croissant et le Compas. Islam et franc-maçonnerie : de la fascination à la détestation, Paris, Devy, 2014.

Le Soufisme. Voie mystique de l'Islam, Paris, Gallimard, 2009, 2013.

Le Chamanisme de Sibérie et d'Asie centrale, en collaboration avec C. Stépanoff, Paris, Gallimard, 2011.

Poétesses soufies de la confrérie bektachie de Turquie, Montélimar, Signatura, 2010.

Sufi Pilgrims from Central Asia and India in Jerusalem, Kyoto, Kyoto University, 2009.

La Turquie. De l'Empire ottoman à la République d'Atatürk, Paris, Gallimard, 2005.

La Turquie moderne et l'islam, Paris, Flammarion, 2004.

Secret et sociétés secrètes en Islam, Paris, Archè, 2003.

La Route du jade, Un voyage de vingt siècles, Paris, Autrement, 2001.

Boukhara l'interdite. 1830-1888 : l'Occident moderne à la conquête d'une légende, Paris, Autrement, 1997.

Mystiques, philosophes et francs-maçons en Islam, Paris, Maisonneuve, 1993.

JEAN-PIERRE LAURANT
THIERRY ZARCONE

LE CERF

une symbolique chrétienne et musulmane

PARIS

LES BELLES LETTRES

2017

www.lesbelleslettres.com

Pour consulter notre catalogue
et être informé de nos nouveautés
par courrier électronique

95, bd Raspail, 75006 Paris
www.lesbelleslettres.com

ISBN : 978-2-251-44739-1

Introduction

Aujourd'hui comme hier, le cerf a toujours occupé dans l'imaginaire des hommes une place sans commune mesure avec l'espace qu'il colonise. Le monde biblique fournit le meilleur exemple de cette situation : il multiplie au fil des siècles des commentaires dont le nombre contraste avec la rareté de l'animal sur le terrain dans le monde méditerranéen et la pauvreté des références dans le livre source. L'urbanisation massive des sociétés contemporaines n'y fait rien ou peu. S'il partage avec le lion ou l'aigle la position de figure emblématique universelle, il possède une particularité unique : il sert de passeur[1]. Le cerf est, en effet, un grand communiquant, familier des sphères célestes dont il assure la liaison avec ici-bas, comme il assure la terre des hommes de celle avec l'au-delà. Il a aussi accès au monde souterrain, présent dans les légendes celtiques comme dans les récits des Indiens Wixaritari du Mexique, ou encore dans le chamanisme sibérien où sa ramure dessine la carte d'accès au monde invisible. Il veille sur les morts dans les tombes chinoises quinze siècles avant Jésus-Christ ou parfois sur les vivants contre le retour des âmes en pointant ses andouillers vers le défunt[2]. Son image fait se rencontrer les religions dans le lointain Japon où les cerfs de Nara, représentés sur des *mandalas,* unissent le disque solaire de la déesse Amaterasu

Fig. 1. Cerf de l'église de Canongate, Edimburg, portant l'inscription *sic itur ad astra*.

à cinq Bouddhas[3]. Ces points communs relèvent d'aires culturelles sans rapport les unes avec les autres. *(figure 1)*

Chaque année, le cerf perd sa ramure et « refait sa tête ». Cette particularité en fait un intermédiaire entre le monde animal et le végétal, et ses cornes sont dites en français « bois ». Un trait complémentaire le distingue des animaux qui peuplent les bestiaires : il n'est jamais considéré comme un totem et, par voie de conséquence, la plupart du temps chassé, sauf dans quelques cas exceptionnels, en Anatolie musulmane par exemple, où sa sacralité le rend intouchable. Le parcours de chasse de cet éternel fuyard se prête à de multiples articulations symboliques acculturées au gré des temps et des lieux, mais qui leur donnent un air de famille fondé sur son comportement forestier ; telle cette forêt profonde où se sont égarés Dante et saint Hubert avant d'entreprendre leur démarche décisive. L'approche du cerf s'opère au travers de multiples signes, traces du pied, fumées, branches brisées jusqu'au moment où l'animal couru « se laisse voir par corps », selon la belle expression de la chasse « à cor et à cri »[4]. Ce statut ambigu lui a sans doute évité une domestication à laquelle tout conviait : chair, peau, os, dents et bois étaient utiles à l'homme et si l'on a pu parler de « civilisation du cerf », il est néanmoins un animal de parc, proche de l'homme et de son imaginaire. Les légendes abondent, dans le monde celtique notamment, de cerfs se mettant volontairement au service d'un paysan en s'attelant à sa charrue.

Deux traits illustrent la fonction centrale de passeur : sa nature changeante et son rôle de monture. *Multiplex, multiformis*, à l'image d'Actéon, chasseur chassé transformé par Artémis ; les tapissiers et enlumineurs le représentent le plus souvent en cours de mutation, à l'opposé du centaure aux formes fixes ou des dieux égyptiens. Les filles-biches peuplent les récits de la « matière de Bretagne », autant que les saints-au-cerf ou les hommes-chevreuils des hagiographies de l'islam mystique turc. Le Christ emprunte sa bouche pour s'adresser à Eustache ou Hubert dans le légendaire chrétien médiéval, sans toutefois s'assimiler à lui. Le second trait le donne à voir transformé en monture, chevauché par Merlin dans l'imaginaire celtique. Roberte Hamayon l'a rencontré chez les Bouriates de Sibérie monté par un vieillard blanc, « maître de vie », de la terre et des eaux, et dispensateur du gibier[5]. Plus loin encore, au Japon, la légende rapporte que Take-Mika-Tsuchi-No-Mikoto, un Kami montant un cerf blanc, est descendu des montagnes dans Nara[6] afin de régler les affaires terrestres.

Des rives du Pacifique au monde celtique, la couleur blanche est signe de la présence du sacré, de la légitimité spirituelle. L'apparition du grand dix-cors qui en est revêtu marque aussi une limite, le point de rupture où le chasseur se découvre chassé. Elle est communément attribuée à la biche, comme symbole de pureté, équivalent de la licorne, en particulier dans les multiples versions du cycle breton du roi Arthur depuis les premiers textes de Chrétien de Troyes : *Érec et Énide* (vers 1135-1283). *(Figures 2 et 3)*

Fig. 2. Actéon transformé en cerf, laine et soie, XVIe siècle.

Fig. 3. Kami montant un cerf blanc, bois peint de l'époque Kamakura XIVe siècle.

Rien d'étonnant, dans ces conditions, à ce que le cerf rejoigne la symbolique politique, en France comme en Angleterre où Richard II (1377-1399) avait un cerf blanc pour emblème. De son côté, le jeune roi de France Charles VI[7] devait adopter deux cerfs-volants comme supports de ses armes en lieu et place des anges qui ornaient celles de ses prédécesseurs. Il avait retrouvé son faucon égaré en le poursuivant en rêve par les airs monté sur un cerf : l'issue heureuse, rapportée par Froissart dans ses *Chroniques,* présageait la victoire de Roosebeke (1382) contre les Gantois révoltés. Le cerf blanc de Nara, au Japon, est associé à l'affirmation de la légitimité impériale, envoyé par la déesse Amaterasu afin de préparer le règne de son petit-fils, ancêtre de la dynastie. Et, en islam anatolien, c'est grâce à une armée de saints soufis montés sur des cerfs que le sultan Orkhan (XIVe siècle) s'empara de la ville de Brousse (Bursa) dont il fit la première capitale de l'Empire ottoman.

De tels rapprochements de récits et de figures symboliques peuvent paraître néanmoins insolites dans la mesure où le rapport du pouvoir au divin est fondamentalement différent au Japon et en Europe occidentale et que les *Kami* n'ont rien à voir avec les anges, ni avec les « esprits » dans le sens du XIXe siècle. Il n'est pas inutile, toutefois, d'interroger cette tradition, à titre comparatif, dans la mesure où elle peut permettre d'éclairer la place du cerf dans la tradition abrahamique à laquelle cet ouvrage est tout particulièrement consacré. Que dire de la fonction de passeur d'âmes dans des sociétés où les âmes n'ont ni la même fonction ni le même mode d'existence ? Disparités et approximations coupent ainsi court à une théorisation du symbolisme comme en avaient rêvé encore les Romantiques, aussi bien au niveau de son « analyse structurale » que de sa transmission. Une autre caractéristique accentue la difficulté du projet : le renne se substitue volontiers au cerf dans les pays nordiques ou en Sibérie, pour tirer le traîneau du Père Noël par exemple. Ailleurs, chevreuils et bouquetins remplissent son office, comme dans l'islam d'Asie centrale et des pamirs chinois. La présence de cornes n'est pas indispensable : il arrive que la biche, à la faveur d'une incertitude de traduction de l'hébreu par exemple, assume la charge symbolique transmise de génération en génération.

Comme symbole d'un état primordial, en deçà de la séparation des sexes, la biche a pu porter cornes, telle la Mère-à-la-ramure en Asie centrale et en Sibérie. Héraclès en poursuivit ainsi une à cornes d'or[8], consacrée à Artémis, jusque dans les pays bienheureux, et le *Lai de Guigemar* de Marie de France (1160-1210) montre une biche blessée portant cornes. Pétrarque reprit le thème dans un sonnet, évoquant une biche blanche à corne d'or sur l'herbe verte au confluent de deux rivières[9].

Répandu dans l'espace, le cerf accompagne la marche des temps depuis la préhistoire. Il peuple les parois des cavernes du paléolithique en Europe avant de coloniser les mythologies antiques des Indo-Européens ; au centre des pratiques chamaniques sibériennes, il orne les icônes du christianisme oriental et inspire tout aussi bien le cinéma contemporain d'animation de Miyasaki au Japon[10]. René Char salue, de son côté, les « cerfs noirs de Lascaux » :

> « Les eaux parlaient à l'oreille du ciel,
> Cerfs vous avez franchi l'espace millénaire,
> Des ténèbres du roc aux caresses de l'air[11] »

Le but de cet ouvrage n'est pas d'étudier le cerf dans tous ses états, nourricier, guérisseur, pourvoyeur d'objets ménagers, de vêtements ou d'armes, ni même d'analyser l'universalité de ses fonctions symboliques. Il s'agit de mettre en lumière un certain nombre de traits porteurs de sens autour de la notion de passage et propres à cet étonnant métissage culturel qui a fait du cerf le grand nourricier de l'imaginaire de peuples aussi différents que les Européens christianisés ou les turcophones d'Asie centrale, de religion zoroastrienne, chamanique ou nestorienne, qui épousent graduellement l'islam. S'il se limite au monde de culture abrahamique (judaïsme, christianisme, islam), il ne s'interdit pas de jeter un regard sur les croisements avec des cultures étrangères, celle du chamanisme principalement, dont certains éléments ont pénétré, ici, le christianisme dans l'espace celte, là, l'islam turc anatolien. Le cerf des chrétiens et des musulmans de ces régions est donc incontournable : il porte les marques et les mythes de l'ancienne foi, il montre le croisement du culte des esprits et du régime de la rédemption, de la déité à la ramure et du Christ-cerf. Les « chanoines savants » de la renaissance chrétienne au XIXe siècle ne s'y sont pas trompés dans leur lutte contre l'esprit des Lumières en faisant massivement appel aux *Bestiaires* médiévaux, abondamment réédités, pour tenter de redonner vie aux rapports subtils entretenus entre les mondes par une approche symbolique : il fallait revenir sur la conception de l'animal-machine, expulsé du domaine du sacré qui, à la suite de Descartes, s'était progressivement imposée[12].

I

Sacralité du cerf

1. De l'Antiquité classique au monde biblique, le parcours compliqué du cerf dans la forêt des symboles

C'est une voie enchevêtrée qui relie la culture antique au christianisme. L'abondance des commentaires qui ont fleuri dans l'aire chrétienne depuis l'Antiquité tardive sur le sujet frappe au vu des rares références scripturaires pourtant nécessaires dans ce genre d'exercice : une dizaine pour le cerf, quinze pour la biche, cinq pour le faon[1]. La totalité des citations se trouve dans l'Ancien Testament ; jamais le Christ n'a prononcé ces noms, absents également des récits des apôtres alors qu'une tradition solidement établie, tant dans le monde grec que latin, a fait du cerf un porte-parole choisi du Sauveur. Les citations de Deutéronome et du premier Livre des Rois ont trait aux interdits et à l'alimentation, le cerf ou la gazelle pouvant être consommés en toutes circonstances ; les autres se réfèrent à des animaux rapides, adroits, familiers des hauteurs tant pour la biche que le cerf. « Alors le boiteux bondira comme un cerf[2] ». Le thème de la soif du cerf dans le Psaume XLI devait connaître une étonnante fortune dans les commentaires des pères de l'Église alimentée par un riche fonds mythologique autour des sources et fontaines d'Artémis surprise au bain, pour le malheur d'Actéon, jusqu'à la fée-serpente Mélusine.

« Comme un cerf altéré
Cherche l'eau vive
Ainsi mon âme te cherche
Toi, mon Dieu »

Psaume XLI (Psautier version œcuménique)

Enfin, le Cantique des cantiques utilise abondamment les figures de la biche et du faon dans l'allégorie amoureuse entre Yahweh et son peuple, reprise pour le Christ et l'Église[3]. Ces références ont peu ou rien à voir les unes avec les autres et jamais ne suscitent de renvois (de règle dans la Bible de Jérusalem) ; elles s'inscrivent néanmoins dans un ordre voulu par Dieu qui a donné mission à Adam de nommer les animaux (Gn, 1,8) soumis et protégés par la même loi. La chute de l'homme a affecté la création tout entière et s'il fait, à bon droit, travailler les animaux et les mange (ce qui implique le droit de les tuer), après le déluge et sous certaines réserves, il garde une relation privilégiée avec eux : tel est le cas des cervidés. Dans le domaine juif, le savant troyen Rachi (1040-1105) commentant littéralement le Pentateuque précisait le cas particulier des cervidés à propos du pur et de l'impur in Deutéronome 12,15 et 12,23 : « La gazelle comme le cerf. – Dont on n'apporte jamais les sacrifices. La gazelle comme le cerf. Pour les exempter de *l'obligation de donner au prêtre* l'épaule, les mâchoires et la caillette[4]. »

L'omniprésence du thème aussi bien sur les mosaïques, les fresques[5] ou les objets des débuts de l'ère chrétienne est frappante, en dépit de la disette scripturaire, elle invite à porter ailleurs son regard et à évaluer la place des cervidés à la lumière de la culture classique de l'Antiquité : les catacombes romaines, le mausolée de l'impératrice Galla Placidia (430), les baptistères tunisiens de Carthage, Enchir Messaouda ou Bir Ftouha en témoignent[6]. Néanmoins l'Ancien Testament a fourni la caution nécessaire, malgré le silence des Évangiles, caution dont ne bénéficia pas le sanglier, qui « venu de la forêt (dans la vigne du Seigneur) la ravage[7] » ; la voie était libre pour puiser dans le fonds commun des bestiaires antiques gréco-latins et germano-celtiques les grands traits qui ont perduré, qu'il s'agisse de légendes ou d'observations, comme le rapport particulier aux serpents ou aux couleurs blanche et dorée. Enfin, la chasse devint le cadre naturel des développements symboliques sur le cerf, un contexte quasiment absent de la Bible[8].

La culture méditerranéenne classique est particulièrement riche en ce domaine ; les grands textes comme ceux de Xénophon (430-354) associaient la chasse à la formation des guerriers héritant de la tradition homérique et mycénienne : Héraclès avait tué le sanglier de Calydon qui dévastait l'Étolie[9], une chasse a priori plus glorieuse que celle du cerf toujours fuyard[10] mais la poursuite inlassable de la biche aux cornes d'or consacrée à Artémis vient corriger cette image peu flatteuse[11]. On retrouve sept siècles plus tard dans *Les cynégétiques* d'Oppien d'Apamée[12] une vision identique de la société exaltant le rôle central de la chasse dans la formation des citoyens et la fête d'Artémis *agrotera* (chasseresse) en mars ; il rapporte à ce propos comment Castor avait inventé la chasse à cheval tout en rappelant le manque de volonté et la faiblesse de cœur du cerf qui devient femelle si l'on coupe un conduit du repli de son ventre, ce qui contrastait avec la violence de ses appétits sexuels. La dimension de transgression et sacrificielle, aisément transférable au Christ, est également présente dans le mythe d'Actéon transformé en cerf et dévoré par ses propres chiens. La déesse à la biche qui règne sur le monde sauvage est dite *elaphibolos* (tueuse de cerfs)[13], elle porte aussi la mort aux humains, particulièrement aux femmes. Une transgression du même ordre constitue la trame de la tragédie d'Euripide *Penthée ou les Bacchantes* (405 av. J.-C.). Ce roi, désireux de tirer vengeance des désordres nocturnes des Bacchanales, se couvrit lui-même de la peau de cerf des Bacchantes et tenta de les surprendre. Piégé par le dieu, il fut reconnu et mis en pièce comme à une curée, sa propre mère Agavé lui arrachant un bras, sa sœur Autonoé, mère d'Actéon, participant à la mise à mort. Dans les *Métamorphoses,* (III, 137-140) Ovide rappelle à Cadmos, leur père et grand-père, fondateur de Thèbes, la vengeance d'Artémis : « La première cause de deuil pour toi, au sein de tant de bonheur, Cadmus, fut un petit-fils, la ramure insolite qui crût sur son front et vous, chiens qui vous repûtes du sang de votre maître. » Ce lien avec la transe devait perdurer en mode chrétien, avec un habillage théologique.

Du côté des philosophes et des historiens, Aristote mélangeait déjà au IVe siècle av. J.-C. dans *L'Histoire des animaux* des observations venues de ses élèves à des sources légendaires ou écrites très anciennes : Hésiode (VIIIe-VIIe siècles), Simonidès de Céos, Hérodote (Ve siècle), voire millénaires pour Homère, en intégrant l'animal, homme compris, dans un ordre général, une hiérarchie des formes vivantes. Cerf et biche se distinguaient par la timidité et l'intelligence, en particulier pour soigner leurs blessures avec des herbes appropriées ou le choix des lieux de naissance et de protection des faons pour la biche. La renaissance annuelle des bois du cerf et son étonnante vitalité au moment du rut ont suscité l'intérêt du philosophe à côté de considérations moralisantes sur la honte qui le conduit à se cacher quand il « refait sa tête ». Parmi les légendes colportées dans *L'Histoire des animaux,* la « montagne des cerfs » où tous, biches comprises, auraient l'oreille fendue est désignée comme lieu de la mort d'Alcibiade[14]. Dans le domaine latin, l'*Histoire naturelle* de Pline l'Ancien (23-79), abondamment lue au Moyen-Âge, reprenait ces traits de caractère avec la particularité de la chute des bois. Il insistait sur la connaissance des plantes : le cerf soigne ses blessures avec le « dictame » qui a le pouvoir de faire tomber le fer de la pointe des flèches, la biche se purge avant de mettre bas, d'où la longévité de l'animal (un cerf centenaire portant à son cou un collier d'Alexandre le Grand avait été pris). C'est l'ensemble de ses vertus curatives, particulièrement contre les fièvres, qui sera prisé par le Moyen Âge[15]. L'odeur de la corne brûlée chassait les serpents et la présure de faon tué dans le ventre de sa mère guérissait de ses morsures[16]. Il rapportait également que les hardes étaient capables de nager en mer sur de longues distances, les cerfs s'appuyant les uns sur les autres et relayant l'animal de tête[17]. Au siècle précédent déjà, Lucrèce (98 ?-55 ?) avait fait état de son inimitié avec le serpent qu'il faisait sortir par son souffle de son trou pour le tuer et le dévorer ; il se désaltérait ensuite longuement pour se débarrasser du venin et retrouver sa jeunesse ; Lucain, contemporain de Pline, reprit ce thème du rajeunissement. Au total, nous sommes en présence d'un fonds commun méditerranéen, y compris dans le monde hébraïque où Flavius Josèphe (38 ?-100 ?) présentait dans ses *Antiquités judaïques*[18] l'hostilité des cerfs aux serpents comme une évidence (associés aux ibis). Les auteurs chrétiens le reçurent en héritage, saint Augustin (354-430) tout particulièrement.

Dans son étude sur les origines de la « matière de Bretagne », Sergio Cigada a relevé la récurrence dans la littérature classique gréco-latine d'un épisode remarquable, celui d'une biche blanche, don de la déesse Diane par l'intermédiaire d'un chef de tribu lusitanien, qui accompagnait le général romain Sertorius rendant des oracles grâce auxquels il contrôla l'Espagne révoltée[19]. Cette récurrence témoigne d'une imprégnation profonde dans l'imaginaire du temps : Pline l'Ancien l'avait reprise des *Historiae* de Salluste (86-35), elles étaient présentes, dans l'ordre chronologique, chez Valère Maxime (composé vers 24-31 ap. J.-C.), Frontin, Appien, Plutarque qui rédigea en grec une *Vie de Sertorius*, Aulu Gelle[20]. *La Pharsale* de Lucain (38-65) associait les serpents à la moelle du cerf dans les opérations magiques de la nécromancienne Erichtho consultée par Sextus Pompée désireux de connaître le destin de son père[21]. Si certains de ces textes sont restés ignorés du Moyen-Âge, les *Faits et dits mémorables* de Valère Maxime ou les *Nuits attiques* d'Aulu Gelle (vers 160 ap. J.-C.) ont largement circulé et pu influencer, de par l'impact de la langue latine déjà, ou grecque en Irlande notamment, la rédaction des récits médiévaux. L'auteur a noté aussi des voisinages remarquables comme l'irruption de la biche blanche au tribunal où comparaissait Sertorius avec celle du cerf blanc à la cour d'Arthur dans le roman plus tardif de la *suite du Merlin* (vers 1240).

Le texte biblique de l'Ancien Testament avait pu s'enrichir, de son côté, de quelques légendes comme celle d'un cerf géant, le *reëm*, que Noé aurait renoncé à faire entrer dans l'arche. Il l'avait attaché par ses bois et pris en remorque, sa tête seule reposant dans l'arche. L'eau du déluge était miraculeusement refroidie autour de lui selon le texte aggadique du Talmud de Babylone. Une technique voisine aurait été utilisée, selon les commentateurs, pour le géant Og, roi du Bashân, perché sur le toit de l'arche ou à califourchon sur l'échelle d'accès. On retrouve l'association de deux géants dans des textes ou monuments médiévaux relatifs au « Rangier » (ou renchier), ce cerf colossal et royal ; tel est le cas des légendes de Gargantua en Poitou ou en Berry[22].

2. Le passage par les forêts européennes du nord et de l'ouest

Si l'ombre de Diane/Artémis plane sur la Méditerranée, celle d'un autre maître et régulateur de la chasse, le Gaulois Cernunos, dieu aux serpents, coiffé de la ramure du cerf, s'allonge indéfiniment sur les forêts du couchant. César, seul, a signalé son omniprésence dans la « Gaule chevelue », il le nomma *Dis Pater*, père commun de tous les Gaulois[23]. Ce dieu souterrain, géant monstrueux, souvent représenté assis ou tenant une corne d'abondance, disparut officiellement avec la caste des druides, parfois se dissimula sous des noms divers comme Sucellus, le dieu au maillet à la figure plus humaine, intégrable dans le panthéon syncrétique des conquérants, ou s'allia à des divinités romaines *(figures 4-1 et 4-2)*. Une stèle du musée Saint-Rémi de Reims, datée du second siècle, le montre en vieillard à ramure, assis à la gauloise avec sur ses genoux une corne d'abondance qui abreuve ou nourrit un cerf et un taureau à ses pieds[24]. Il est flanqué d'Apollon et de Mercure dont les traits de jeunesse sont accentués, invitant à imaginer un lien de filiation. L'arrivée des Francs et la chute de l'Empire favorisèrent son retour

Fig. 4-1. Cernunos, stèle du musée de Reims.

Fig. 4.2. détail du chaudron de Gundestrup, Danemark, IIe-Ier siècle avant J.-C.

sous le nom de *Mundgawi* (le Protège-Pays) en francique[25], avant que le christianisme ne s'efforce de le reléguer aux enfers, diabolisé : une entreprise délicate au vu de la profondeur de l'enracinement de ces traditions. Son association avec le serpent renvoie à Mélusine, la femme serpente, mêlée aux eaux souterraines, sources et puits et qui a pu prendre dans le monde gallo-romain la forme du double féminin de Cernunos, largement répandu dans tout le monde eurasiatique. Ce mythe, déjà signalé par Hésiode dans sa *Théogonie*, à propos des Scythes, est proche de la variante méditerranéenne de la sirène à queue de poisson. En Grande-Bretagne, c'est sous les noms de Herle ou Herne, comme le montre Anne Lombard-Jourdan, que le dieu est désigné. Shakespeare le met en scène dans l'épisode du chêne où Falstaff, porteur de la ramure, est piégé par les deux « commères » de Windsor qu'il appelle *my doe,* ma biche. Il se serait manifesté ici-bas en la personne d'un roi des Bretons légendaire : Arthur, qui disparut selon certains récits entraîné dans les mondes inférieurs par une chasse « sauvage » indéfiniment recommencée[26]. Le « tumulte » de la « haute chasse » médiévale pouvait être ainsi interprété comme l'errance du roi breton vaincu à la tête de son armée de morts.

Le cycle arthurien christianisant inauguré avec l'*Érec et Énide* (1165-1170) de Chrétien de Troyes et Robert de Boron a, de la même façon, « redessiné » le profil du « prophète » Myrdin de la mythologie galloise, figure d'« homme sauvage », se transformant alternativement en cerf et en oiseau (à l'origine du cerf-volant ?), ou chevauchant un cerf à la poursuite du ravisseur de sa femme qu'il expédia aux enfers coiffé de la ramure du cerf qu'il avait arrachée[27], bien loin du sage « enchanteur », conseiller d'Arthur. Mais la *Vita Merlini* (1149) du moine anglo-normand Geoffroy de Monmouth avait elle-même des antécédents lointains dès le IXe ou Xe siècle dans les chroniques latines galloises et dans l'*Historia Brittonum* de Nennius en particulier[28].

Tristan lui-même reprend et transmet dans un roman plus tardif du XIVe siècle les traits de l'homme sauvage, abandonné et hôte d'une terre inconnue ; un cerf le nourrit et il vivait couvert de poils parmi les animaux jusqu'à ce qu'une femme capturée le civilisât, il avait pris alors connaissance de sa véritable origine…

> « Abandonné en mer dans un bateau à la dérive, le jeune Tristan est allaité par une sirène qu'il compare plus tard à un ange qui lui a appris la religion et les langues. Par la vertu de ce lait merveilleux il devient aussi gros qu'un cheval de Carthage lorsqu'il atteint la terre. Il rencontre là un cerf qui a bu aussi du lait de la sirène et qui le nourrit de pain et de viande. Tristan grandit parmi les bêtes sauvages tandis que son cerf détruit les cultures des pays environnants. À seize ans il est velu, couvert de feuilles "ainsy c'uns homs sauvages". Une femme qu'il a capturée le civilise. En quittant la forêt il rencontre son demi-frère Doon, lui aussi abandonné et recueilli par un bûcheron. Ils partent à l'aventure et finiront par connaître leur naissance et leur parenté. »
>
> *Valentin et Orson*
> analyse de Dickson citée par Claude Gaignebet[29]

Parallèlement, il se fait porteur à son tour, dans la *saga norroise*[30], de gestes civilisateurs en enseignant l'art de dépecer le cerf aux veneurs bretons de la cour du roi Marc qui, ignorants du rituel de la curée, s'apprêtaient à lui trancher la tête. Charmés, ils le menèrent devant le roi et là ses talents de joueur de harpe joints à ceux de veneur firent reconnaître sa noble origine confirmée par son père adoptif Roald parti à sa recherche.

L'ensemble des poèmes et *sagas* mettant en scène Tristan en de multiples variantes paraît bien relever d'une mémoire commune plus que d'une imitation généralisée, à la façon dont Georges Dumézil a mis en évidence les traits communs de légendes indo-européennes.

La Chanson de Roland confirme la familiarité des cerfs avec le monde des morts, Charlemagne fit ainsi procéder à la toilette mortuaire de Roland, d'Olivier et de l'archevêque Turpin : « Puis on prend les corps des trois chevaliers et on les enveloppe dans des peaux de cerfs après les avoir bien lavées avec du vin et des aromates[31]... ». Un texte contemporain de la « matière de France », la *Karlamagnùs-Saga* fait état d'une autre fonction des cervidés répandue sur l'ensemble du continent eurasiatique, celle d'animal guide : un cerf blanc indiqua à l'empereur un passage à gué de la Gironde dans sa marche vers l'Espagne[32] ; de même, Clovis et son armée avaient suivi une biche, ou un cerf selon les récits, à la découverte d'un passage à gué inconnu de la Vienne avant d'attaquer les Goths d'Alaric[33]. Les Huns avaient traversé dans les mêmes conditions les marais Méotiques avant de se lancer à la conquête de l'Europe. Les parcours de chasse perçus comme signe des dieux en Europe centrale et décrits par Mircea Eliade offrent de multiples exemples d'établissements de peuples grâce à des cervidés ; en Italie même Strabon rapportait des cas semblables[34].

Quoi qu'il en soit de la poursuite providentielle ou de l'errance fatale, le rapport des cerfs avec le monde d'en-bas paraît solidement établi en Europe dès le Paléolithique supérieur ; ils peuplent en nombre les parois des grottes, semblant parfois sortir des entrailles de la terre, comme le donnent à penser nombre de peintures figurant cerfs et biches bondissant d'une crevasse ou d'une anfractuosité rocheuse de la terre qui leur a donné naissance[35] *(Figures 5, 6, 7).*

Selon la légende toujours vivante en Angleterre, les cervidés de la forêt de Carduel sont dits venir du monde souterrain[36]. Chevaux et bisons ont fait en général l'objet de représentations pariétales plus nombreuses mais la forte présence des cervidés en Espagne, particulièrement dans les grottes de la chaîne pyrénéo-cantabrique nous renvoie au pouvoir exercé sur l'imaginaire par la biche blanche de Sertorius[37]. La grotte des Trois Frères (15 000 av. J.-C.), dans l'Ariège, décrite par leurs inventeurs, les frères Begouën, en 1914, puis par l'abbé Breuil, en 1952, offre un exemple choisi de mutation homme/cerf : le personnage esquisse un pas de danse ou imite la marche d'un quadrupède, la tête couverte d'une ramure (peut-être de renne)

Fig. 5, 6 et 7. Cervidés dans les peintures rupestres

avec des oreilles de cerf et la bouche cachée par une barbe ou un masque. Il domine, de par sa position, la masse informe des animaux représentés sous lui, comme un « maître de la chasse », dieu forestier à la manière de Cernunos[38].

Point commun entre les mythologies nordiques et méditerranéennes, le cerf associe ombre et lumière ; Apollon, frère d'Artémis, est accompagné d'un faon et l'art pré-mycénien lui fait tirer fréquemment le char du soleil. Chez les Germains, l'arbre du monde, le frêne Yggdrasil qui unit les mondes inférieurs aux cieux, abrite quatre cerfs dans sa couronne, qui règlent la marche du soleil et président à son rajeunissement[39]. Cette fonction sera aisément transférable au Christ descendu aux enfers avant son Ascension. Un Odin/chamane, qualifié d'« élan » dans la mythologie scandinave, sacrifie un cerf en substitution du cheval[40]. À la fin du XIIIe siècle, la chanson de geste de Huon de Bordeaux faisait échapper le héros à un guet-apens dans la forêt grâce à l'avertissement d'un cerf qui disparut ensuite dans le monde souterrain.

Dans un tel contexte, la lente christianisation de l'Europe a dû prendre en compte conjointement les deux voies, celle des textes d'une part, la Bible restant « le texte des textes », et celle de croyances et pratiques populaires millénaires de l'autre : l'autorité des premiers servant dans nombre de cas à légitimer la force des secondes. Pour compliquer encore la situation, ce sont des écrits qui ont transmis, pour une bonne part, ces traditions orales dans la littérature gréco-latine classique puis de l'Antiquité tardive.

3. De la rumination à l'assimilation

La *ruminatio* de la parole divine est une technique de méditation spirituelle reconnue du monde chrétien qui s'appuie volontiers sur les Pères de l'Église. Le commentaire de saint Augustin (350-430) sur le Psaume 41[41] en fournit le meilleur modèle : « comme le cerf altéré brame après les sources d'eau vive[42]... ». Saint Augustin a commenté en montrant l'analogie entre l'attitude du chrétien et les mœurs du cerf qui est agile et tue les serpents, provoquant cette grande soif qui le conduit impérieusement aux « sources d'eau vive ». L'homme est invité à courir comme le cerf vers la seule source qui éteint toute soif : le Christ lui-même. Si nous sommes libres individuellement de suivre son exemple, toutefois ce n'est point un seul homme qui parle ainsi mais bien tout un corps ; c'est le corps du Christ ou l'Église. Plus encore que sa vitesse, son aptitude à se libérer du venin du serpent nous invitait à vaincre nos vices, « mais si tu es du nombre des cerfs... ». Il glosait ensuite saint Paul invitant les Galates « à partager mutuellement (leurs) fardeaux » en les comparant aux hardes de cerfs nageant de conserve en se soulageant mutuellement du poids de leur tête dont avait parlé déjà Pline[43]. La référence à l'eau baptismale des catéchumènes, mentionnée un peu plus loin, s'inscrivait dans un ensemble de représentations que nous avons évoquées en introduction. Charles Puech a signalé à Rome, dans l'article cité, un baptistère où l'eau du baptême sort directement de la bouche du cerf et la fresque des catacombes décrite par Dom Cabrol illustre le baptême du Christ avec un cerf se désaltérant à ses pieds. L'Afrique du nord byzantine, patrie de saint Augustin, était particulièrement riche avec les baptistères de Carthage ou d'Enchir Messaouda qui montrent cerfs et/ou biches s'abreuvant à un canthare ou à quatre sources sortant d'un monticule (Bir Ftouha) ; un arbre de vie enraciné dans un vase peut être interprété comme le terme d'un parcours de chasse religieuse jusqu'à cette eau primordiale.

Dans la basilique Saint-Jean-de-Latran, une mosaïque reproduisant un modèle de l'époque de Constantin montre deux cerfs s'apprêtant à boire aux quatre fleuves sortant du paradis ; un phénix christique auréolé se tient au cœur de la montagne-source sur l'arbre de vie[44] *(Figure 8)*. Jusqu'aux ve et vi^e^ siècles, les catacombes romaines ont utilisé le thème, un cerf debout au bord du Jourdain rappelait Jean le Baptiste. Ce dernier conservait

Fig. 8. Mosaïque de la basilique Saint-Jean-de-Latran, vers 1200, Rome (F. Zambon et A. Grossato, *Il Mito della fenice in Oriente e Occidente, op. cit.*).

certains traits de la vie sauvage, « il était vêtu d'une peau de chameau ; il se nourrissait de sauterelles et de miel sauvage », et Jésus une fois baptisé fut poussé par l'esprit au désert, tenté pendant quarante jours par Satan, « et il était avec les bêtes sauvages et les anges le servaient[45]. ». Saint Jérôme qui avait assimilé, de son côté, le Christ à la source d'eau vive, devait reconnaître dans la prédication de Paul et des apôtres courant le monde la rapidité des cervidés[46]. Un autre docteur de l'Église, Ambroise de Milan (330 ?-397) rappelle dans son exégèse de Job que David avait l'affect doux et timide du cerf ; le Christ n'avait pas refusé d'être désigné comme cerf : il avait évité les pièges des juifs, comme celui-là les filets des chasseurs et la morsure du serpent sur lequel il marche[47]. Cette victoire sur les serpents était promise à la fin de l'Évangile de Marc à tous ceux qui croyaient et étaient descendus dans l'eau du baptême. « Bon cerf dont la montagne est maison du Seigneur, il vient à l'appel de l'épouse (l'Église), bondissant par-dessus les montagnes. » Les apôtres à la suite font sortir les serpents des pécheurs à leur voix… « comme le Christ était descendu dans l'eau du baptême à l'appel de saint Jean, nous le serons nous-mêmes si nous suivons ses paroles ».

Ces témoignages des grands docteurs latins avaient été précédés par ceux de Tertullien (155 ?-222 ?), africain comme Augustin et lui aussi docteur de l'Église, qui transmit les récits antiques sur la connaissance des plantes par le cerf qui soigne les blessures de flèches en se purgeant avec le « dictame ». Il fit aussi écho à sa couardise à cause de sa fuite devant le chasseur, un contre-exemple pour les chrétiens qui reniaient leur foi afin d'éviter le martyre[48]. La correspondance entre la repousse des bois et la résurrection du Christ dans le temps liturgique de la Pâque fut également utilisée bien souvent. La légende des pleurs du cerf au moment de sa mort devait contribuer de son côté à son humanisation liée à sa vocation sacrificielle ; le dominicain Étienne de Bourbon (1180-1261) s'en est fait l'écho en l'associant à la passion du Christ au moment où la meute des chiens le force et où le fer, la pointe, du chasseur le menace (*spiculum*, le mot est utilisé également pour le dard du serpent ou du scorpion, Virgile, Ovide)[49].

Un texte anonyme rédigé à Alexandrie, en grec, au IIe siècle, avait irrigué tout l'imaginaire de l'Empire dans ses versions grecque, syriaque, arménienne, copte, arabe, slavonne, latine, éthiopienne : le *Physiologus*, véritable somme et manuel du bestiaire antique revu par le christianisme en « habillant les animaux en théologiens » ; il unissait des espèces réelles (en y ajoutant des traits occasionnellement fantaisistes) à des êtres composites, le phénix figure christique ou la licorne virginale par exemple, voire affublés de difformités monstrueuses. L'usage de ce texte fut tellement répandu que la paternité put en être attribuée à Hermès Trismégiste, à un contemporain, Tatien (second siècle), aussi bien qu'à Timothée de Gaza deux siècles plus tard, voire à Épiphane de Salamine ou à Jean Chrysostome, à la fin du IVe siècle. Ambroise de Milan, docteur de l'Église également, qui en avait recopié des passages entiers dans son *Hexaemeron*, en fut également crédité[50]. Le *Physiologus latin* rapprochait la sortie du serpent de son trou de Jésus envoyant les esprits mauvais dans les porcs qui allèrent se noyer dans la mer[51]. Il insistait sur la familiarité du cerf avec les hauteurs à la suite du Psaume 103, 18 (chamois pour la Bible de Jérusalem, Ps. 104,18).

C'est avec les *Etymologiae* d'Isidore de Séville (vers 560-636), lui aussi docteur de l'Église et souvent considéré comme le dernier grand dépositaire de la culture antique, que le corpus animalier christianisé fut définitivement mis en ordre et transmis aux innombrables *Bestiaires* médiévaux qui se copièrent ensuite les uns les autres : Isidore fut l'auteur le plus lu au Moyen Âge. Les rapports entre les éléments de la création y sont établis par analogie à partir des mots, supports de la réalité des choses et des êtres ; ainsi le lien entre le cerf et le cheval tenait au fait que la robe brune de certains chevaux était dite « cervinus[52] ». Si sa méthode paraît bien loin de ce que nous appelons science aujourd'hui, elle a permis de transmettre, en les adaptant aux divers contextes de l'Europe du nord et de l'ouest, les connaissances ou opinions dominantes dans le monde méditerranéen, ouvrant la porte à une véritable théologie populaire. Dans la Bible, chevreuils, bouquetins, chamois, cerfs (biche à cornes d'or dans la mythologie grecque), paraissent parfois, on l'a vu, interchangeables dans des fonctions symboliques comparables liées aux cornes, ce qui devait faciliter l'acculturation dans l'aire du renne et de l'élan. Isidore présente le cerf comme « le cornu » : *apô tôn keratôn, id est a cornibus*[53].

4. La Mère-à-la-ramure en Asie centrale et en Sibérie

Les aventures symboliques du cerf dans le monde musulman se trouvent, par la force du climat et du biotope qui lui est associé, limitées à une région géographique précise, l'espace turco-persan qui s'étend des Balkans à l'Asie centrale chinoise, l'actuel Xinjiang. Rennes, élans, cerfs, daims et chevreuils ont toujours vécu dans cette partie du monde où on peut encore les rencontrer. Dans la partie septentrionale de cet espace, l'identité symbolique du cervidé est d'une grande richesse car l'animal est particulièrement mis à l'honneur dans le culte des esprits et le chamanisme. L'islam qui s'impose en Asie centrale à partir du VIIe siècle et qui conduit les Turcs, au cours des siècles qui suivent, jusqu'aux rives de la Méditerranée, ne parvient pas à éradiquer cette symbolique qui s'affichera avec plus ou moins de visibilité selon la souplesse des hommes de religion à son égard, c'est-à-dire selon qu'ils seront prompts à éradiquer tout ce qui est antérieur à la nouvelle religion ou, au contraire, à offrir à l'animal une nouvelle fonction. La symbolique du cerf dans le monde turco-persan est donc nécessairement une histoire d'hybridations, de métissages qui composent, décomposent et recomposent les mythes, les légendes, les épopées, les hagiographies et les contes ayant vu le jour dans ce vaste espace depuis les débuts de l'expansion de l'islam jusqu'à nos jours.

Il importe néanmoins, avant d'aller plus loin, de clarifier un point précis : qu'est-ce qu'un renne, un cerf, un chevreuil, bref un cervidé dans l'espace musulman ? Les classifications de la zoologie ne sont pas, ici, celles de l'anthropologie des symboles, car, dans cet espace, les sources écrites et orales établissent une parenté inhabituelle entre le cervidé et le capriné, l'animal à cornes, c'est-à-dire le mouflon, le bélier, la chèvre et jusqu'au mouton. En effet, l'animal à cornes qui habite l'Asie des steppes et des déserts, régions où le cervidé est inexistant, devient, pour le créateur des mythes et l'hagiographe, le substitut naturel du cerf dont il hérite la fonction symbolique. Le capriné est donc un cervidé dans l'imaginaire des peuples de l'Asie centrale et de l'Anatolie, et ce, en dépit du fait que – détail pas moins fondamental qui fonde la sacralité – la corne des premiers est permanente alors que les bois des seconds tombent et repoussent chaque année.

Le cerf asiatique ne pénètre pas en Afrique ou au Moyen-Orient, et sa symbolique n'affecte en rien les rares cervidés qui se trouvent dans le massif de l'Atlas, en Afrique du nord, de la même manière que la gazelle et l'antilope, qui dominent l'espace arabe, ne sont pas des substituts du cerf. La fonction symbolique occupée par ces deux animaux ne présente que quelques analogies avec les cervidés. Il n'empêche que la littérature religieuse turque connaît, sous l'influence de l'islam, des cas d'hybridation du cerf anatolien avec la gazelle arabe. Bref, l'histoire du cervidé en terre d'islam n'est pas une histoire simple, et pour comprendre celle-ci, un détour par l'Asie septentrionale s'impose, ainsi qu'une brève incursion au pays de la gazelle.

Les études consacrées à la religion des populations turco-mongoles et sibériennes, depuis le nord de la mer Noire jusqu'à la mer de Béring, ont attiré l'attention sur la vénération dont le cervidé et les animaux à cornes font l'objet dans cette zone. Le fait que le renne soit, chez certains peuples de Sibérie, essentiel pour la survie des hommes, ne suffit pas à expliquer l'admiration et le respect dévolus à cet animal. La ramure du cerf en particulier suscite une immense fascination. Les peintures rupestres et les nombreuses « pierres aux cerfs » (stèles gravées laissées par les tribus de Haute-Asie entre le IIe et IIIe siècle avant J.-C.), qui ornent plusieurs sites archéologiques d'Asie centrale et de Sibérie montrent en effet des élans, des cerfs et des rennes dotés de bois exceptionnellement développés, et parfois même irréalistes *(figures 9, 10, 11)*. Dans quelques cas, la ramure se déploie sur une grande partie du haut du corps de la bête, lorsque l'artiste ne la représente pas dressée vers le ciel[54]. D'autres peuples de l'Orient ancien ne cachent pas leur admiration pour les bois de ces animaux, tels les Hittites du centre de l'Anatolie, qui dessinent et sculptent des cerfs rouges à la ramure exceptionnelle, et qui adorent, qui plus est, un dieu montant un cervidé[55].

Outre les dimensions, la beauté et la puissance de ses bois lorsque le cerf s'en sert comme d'une arme pour affronter ses rivaux ou se défendre contre les prédateurs, la ramure présente une spécificité hors du commun. Celle-ci fait la singularité, le caractère exceptionnel et bientôt la sacralité de cet animal pour au moins deux raisons : la ressemblance de cette formation osseuse que sont les bois avec un végétal, en particulier avec un arbre, et

Fig. 9 et 10. Pétroglyphes de cerfs, de la fin du Paléolithique à l'époque préhistorique, province de l'Altaï, Jeminay, Xinjiang, Chine.

Fig. 11. Pétroglyphe de bouquetin, de la fin du Paléolithique à l'époque préhistorique, Xinjiang, Chine.

le fait que les bois tombent et repoussent aussitôt chaque année – ce qui fait ainsi du cerf et des cervidés en général les seuls animaux dotés d'un organe capable de se régénérer entièrement dans toute sa complexité, peau, poils, nerfs, vaisseaux sanguins et os. Les bois, après avoir perdu leur « velours » – un épiderme particulier qui recouvre ceux-ci et dont les cerfs se débarrassent en frottant leur ramure contre un tronc d'arbre –, deviennent une structure morte qui tombe en mars-avril. Ils repoussent à grande vitesse (1 à 2 cm par jour) et sont remplacés en quatre ou cinq mois, au printemps et en été[56]. Mais il faut rappeler ici que parmi les cervidés femelles, le renne est le seul à porter des bois. On ne trouve pas moins des biches à la ramure dans les mythes et les légendes, une incohérence qui s'explique par la nécessité d'associer un caractère féminin au porteur de bois, comme double expression de la régénération de la vie.

Dans l'art pariétal sibérien, le développement d'un végétal à partir de ses bois fait du cervidé une source de vie et de mort et le symbole le plus suggestif de la croissance, ainsi que l'enseignent plusieurs pétroglyphes vieux de deux mille ans[57]. Le cycle de la mort et de la vie, du dépérissement et de la renaissance que marquent les saisons est clairement illustré par la chute des bois à la fin de l'hiver et leur repousse au printemps. Le passage de la mort-renaissance à l'immortalité est on ne peut plus naturel et il n'est pas étonnant que le cerf incarne finalement celle-ci en Asie septentrionale, comme en Anatolie et en Méditerranée orientale[58]. De même, la fonction symbolique du cerf-arbre, à la fois animal et végétal, se reflète aujourd'hui encore dans la littérature populaire anatolienne, deux devinettes dont cet animal est la solution y font allusion :

> « Ses bois sont comme les branches [d'un arbre]
> Réponse : le cerf ».
>
> « Il porte des branches qui ne donnent pas de feuilles[59].
> Réponse : le cerf ».

Fig. 12. Cerf dont l'extrémité des andouillers se termine par des têtes d'aigles, VIIe-IIIe s. avant J.-C., Pazyryk, Altaï, Russie.

Plusieurs pétroglyphes de Pazyryk (VIIe-IIIe siècle avant notre ère), dans l'Altaï (ouest de la Mongolie), présentent des andouillers de cerf en forme de branches dont les terminaisons portent des têtes d'aigles *(figure 12)*. Ce lien du cervidé avec l'oiseau qui établit une relation avec les mondes supérieurs et associe la course et le vol[60], se maintient parmi les Sibériens : en effet, selon une croyance des Kets (région du fleuve Ienissei), autrefois, le renne était ailé[61]. Il existe d'ailleurs plusieurs représentations, statuettes et pétroglyphes, de cerfs et de chèvres/mouflons ailés datées du Ve-IIIe siècle avant notre ère[62] (à comparer ci-dessous avec les transformations de Merlin en cerf puis en oiseau).

On sait que, dans le monde chrétien, la croissance et la chute des bois du cervidé symbolisent la résurrection en général et celle du Christ en particulier. En Asie centrale, la ramure renvoie aussi à l'idée initiatique de mort et de renaissance. On peut lire par exemple, dans un rituel du bouddhisme tibétain, nommé « Le Cerf à la vaste ramure » ou le « bois de cerf », rituel influencé par l'ancienne religion bon-po (proche du chamanisme), que la croissance rapide des bois du cerf « est le signe que ce qui était mort autrefois ressuscitera ensuite[63] ».

Les pétroglyphes de Sibérie et d'Asie centrale suggèrent que les bois des cervidés et les cornes des caprinés n'engendrent pas uniquement un végétal, en général un arbre de vie, mais qu'ils donnent aussi naissance à un paysage de montagne fait de terrasses et de reliefs et traversé par des sentiers[64]. Esther Jacobson, spécialiste de l'art sibérien, explique que « le processus qui conduit des andouillers/cornes à des ailes/becs, puis à un arbre ou une montagne manifeste la conviction que la mort peut être comprise comme un voyage à travers le temps et l'espace au moyen d'un *axis mundi*, arbre de vie ou montagne du monde[65] ». E. Jacobson défend l'hypothèse d'une « mère-animal, la mère-cerf, comme arbre de vie et source de vie et de mort ». Cependant, avec le temps et la disparition de la culture sibéro-scythe, l'animal a pris la forme d'une femme ou d'un guerrier mâle qui reste néanmoins le gardien du chemin conduisant au pays des disparus[66]. Par la suite, certaines croyances anciennes des peuples turco-mongols et sibériens sont adoptées par le chamanisme, en particulier l'association cerf-arbre-oiseau. Quant au cervidé, il continue à se manifester dans un grand nombre de mythes, de légendes et d'épopées qui mettent en scène, ici, un chasseur finalement « chassé » par une divinité ou un être surnaturel, là, un groupe d'hommes guidés, conseillés ou alertés par un cervidé, là encore, les amours entre un homme et une biche ou un renne femelle, ou ceux d'une femme avec un cerf.

De nos jours, le cervidé reste influent dans le chamanisme sibérien. Le renne l'est en particulier dans les rituels des Evenks, des Nénetses ou des Koryaks. Chez les premiers, l'animal est devenu un symbole solaire et se trouve au centre d'une chasse cosmique qui donne lieu à des cérémonies et des représentations théâtrales[67]. Les éleveurs de rennes chez les Nénetses sont des intimes de l'animal au point d'être d'une certaine manière « enrennisés[68] ». Quant aux Koryaks, ils pensent qu'ils sont spirituellement liés à ces animaux et, s'ils sont contraints de tuer l'un d'eux pour se nourrir, ils s'excusent auprès de son âme, souhaitent à celle-ci de trouver le bonheur dans l'autre monde et font des offrandes aux esprits[69]. Chez les musulmans de l'Asie centrale, l'influence du cervidé et des bêtes à cornes se manifeste dans les cultes populaires et dans la littérature épique.

5. Quand le chamane imite le cerf

La place d'exception que les peuples d'Asie du nord consacrent au cervidé découle aussi du fait que cet animal, le renne en premier lieu, puis l'élan, le chevreuil ou le cerf, ont toujours incarné le gibier par excellence. La chasse au cerf est, faut-il le rappeler, une chasse noble car l'animal est un adversaire redoutable et rapide, capable de se forlonger et dont les coups de bois sont dangereux. Dans le but de l'attirer et pour favoriser les chasseurs de la communauté à laquelle il appartient, le chamane a appris à imiter cette proie et même à solliciter l'aide d'esprits pour le seconder dans cette entreprise. Le chamane est en effet un professionnel de l'invisible, un négociateur entre le monde des hommes et celui des esprits *(Figure 13)*.

Le chamane toungouse reproduit dans sa gesticulation rituelle la chasse du renne sauvage ; il fait même feu sur une représentation en bois de celui-ci. La cérémonie mime ensuite le dépècement de l'animal et sa cuisson. À la fin, on considère « l'esprit-renne comme ressuscité[70] ». Son tambour acquiert une fonction de monture une fois qu'il est recouvert de la peau d'un animal sauvage que le chamane pourra dès lors symboliquement monter ; ici, il s'agit du renne, mais c'est

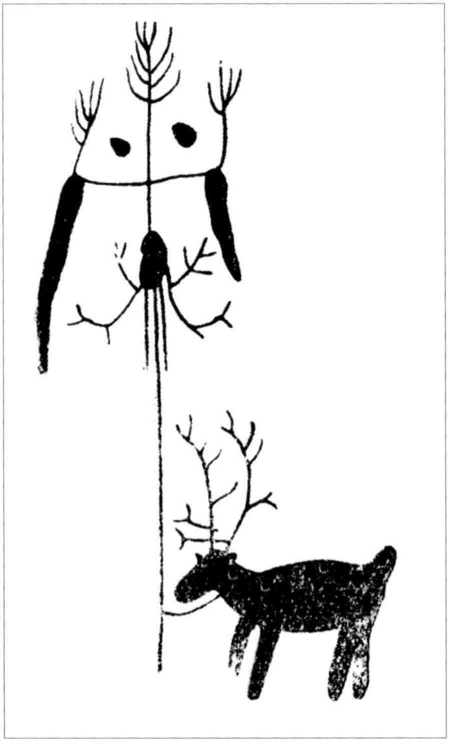

Fig. 13. Dessin selkoup d'un arbre chamanique auquel un renne à sacrifier est attaché, dessin de E.D. Prokof.

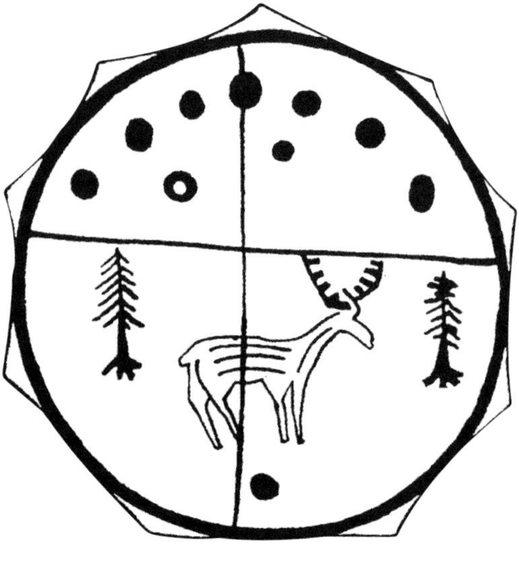

Fig. 14. Tambour de chamane touva oriental.

un chevreuil chez les Khakasses ou les Soyots, et les Mongols l'appellent « cerf noir ». Parfois, il est recouvert d'une peau de cheval. Dans les monts de l'Altaï, le chamane est tenu, en premier lieu, d'animer son tambour, autrement dit de ressusciter l'animal qui a été tué pour confectionner celui-ci. Par ailleurs, le bois dans lequel est sculpté l'instrument provient de l'arbre du monde (*turu*), et c'est aux pieds de celui-ci que « naît » le tambour[71]. Le chamane mongol darxad lorsqu'il chevauche son tambour prie l'âme du cervidé tué dont la peau recouvre celui-ci : « Sois mon jeune et nouveau cervidé de monte/Me guidant sur le chemin de la vie et du bonheur[72] » *(figure 14)*.

Le double animal, l'animal-mère des chamanes toungouses et yakoutes est généralement un renne ou un élan. Toutefois, le cheval, qui succède au cervidé, n'en est pas moins appelé « animal à cornes », souvenir de son grand prédécesseur, et cette expression continue du reste à désigner le tambour[73]. Enfin, selon les Mongols, la sonorité de cet instrument de musique doit rappeler le brame du cervidé, comme c'est aussi le cas du chant du chamane. Ce brame est également imité par le barde bouriate sur la base de bourdons accompagnés par la vocalisation de sons gutturaux[74].

Le costume du chamane complète l'identification de ce dernier au cervidé. La peau et les bois de l'animal sont utilisés pour la fabrication du tambour et de la coiffe. Cette dernière est confectionnée avec la peau du front de la bête, les bottes étant elles-mêmes faites avec celle des pattes du cervidé et ornées de morceaux de ses sabots[75]. On compte en fait deux types de costumes portés par les chamanes, un costume-cervidé et un costume-oiseau, quoique les attributs de ces deux attirails soient souvent mêlés. En effet, selon plusieurs traditions, le renne peut courir et voler en même temps[76]. Les bois du cervidé (remplacés parfois par des tiges de métal) occupent, ce qui n'est pas étonnant, une place d'exception dans cet attirail, dans la mesure où, fixés sur un casque de métal,

Fig. 15. Plus ancienne représentation d'un chamane sibérien, 1705.

Fig. 16. Coiffe de chamane evenk, XIXe siècle, musée du quai Branly.

ils donnent au chamane une apparence qui ne laisse aucun doute sur la figure animale qu'il est censé imiter. Une célèbre représentation occidentale de 1705 montre un chamane toungouse coiffé d'un tel casque[77] *(figure 15)*.

Chez les Toungouses de Mandchourie, les andouillers symbolisent l'esprit-cerf qui est l'auxiliaire du chaman et indiquent que ce dernier est capable de se déplacer aussi vite que le cerf rouge qui vit dans cette région. Par ailleurs, le nombre d'andouillers donne des indications sur la force, l'expérience et le rang du chamane : le néophyte porte généralement trois surandouillers, un chamane plus expérimenté en porte six, et les grands chamanes en arborent neuf[78]. Le costume du chamane peut enfin accueillir des représentations de cygnes, de canards et de coucous qui confirment la double symbolique de l'habit et de celui qui le revêt, à la fois cervidé et oiseau[79] *(figure 16)*.

Le rituel chamanique n'imite pas la seule chasse au cervidé mais aussi le rut spectaculaire de cet animal et la violence de ses appétits sexuels lorsque l'animal donne à voir sa plus haute puissance, de même quand il défend sa harde et affronte ses rivaux dans un vacarme de bois entrechoqués[80]. Roberte Hamayon écrit que le chamane yakoute, quand il imite le renne, « gambade, renifle, s'ébroue, fait des bonds », ajoutant que ce dernier sait aussi simuler l'oiseau[81].

L'association cerf-arbre-oiseau, qui marque les plus anciens systèmes de croyances en Sibérie, est clairement reprise par le chamanisme[82]. Si cette religion disparaît dans certaines régions de l'Asie centrale turcophone à partir du VIIe siècle, avec l'arrivée de l'islam qui s'impose graduellement comme la religion dominante, quelques éléments de son rituel et de son légendaire sont néanmoins absorbés par les formes populaires de la nouvelle religion, par le soufisme principalement. C'est donc par le biais de la mystique musulmane que le chamanisme s'islamise en Asie centrale, et ce à des degrés divers selon qu'il s'impose à des populations plus réceptives ou non à l'islam.

Les anciens nomades (aujourd'hui Kazaks et Kirghizs) ont préservé un chamanisme islamisé plus proche de ses origines, à la différence des peuples sédentaires des oasis (Uzbeks, Tajiks, Uyghurs).

6. Cerfs et bêtes à cornes entre chamanisme et islam

La figure centrale du chamanisme islamisé est un guérisseur-exorciste et devin qui joue un rôle d'intercesseur entre le monde des hommes et celui des esprits. Il a recours à des rituels variés qui recomposent les croyances et les pratiques de l'ancien chamanisme avec le soufisme[83]. Les esprits n'occupent plus toutefois, en islam, la place dominante qu'ils ont eue par le passé. Ils ne sont plus systématiquement sollicités et convoqués, et lorsqu'ils le sont, en général par les chamanes, ils doivent partager leurs prérogatives avec les représentants de cette nouvelle classe d'esprits que sont les âmes des saints musulmans, des soufis pour la grande majorité.

Les références au cerf sont assez rares dans le chamanisme islamisé. Au cours d'une mission effectuée au Kirghizistan, en 1996, en compagnie de Patrick Garrone, nous avons pu participer à un rituel d'invocation des esprits accompli par un groupe de femmes chamanes du village de Gulcha (province de Osh). L'une d'elles nous indiqua que son esprit auxiliaire avait une forme mi-cerf – la partie supérieure – mi-femme. On songe aussitôt à l'ancienne déesse-cerf de Sibérie, à la Mère-Cerf, et également aux esprits auxiliaires à ramure des chamanes toungouses. Une autre mention de la présence de l'esprit-cerf a été collectée, au début du XXIe siècle, par une ethnologue chinoise chez les Khirghizs du Xinjiang (Chine). Cette dernière relève qu'un chamane invoque, au cours d'un rituel de guérison, un esprit appelé Kiyiktuz Atam (Mon-Père-le-Cerf) qui se confond avec un saint musulman dont le mausolée est situé dans le village de Tegirmeti (non loin de l'endroit où a lieu la cérémonie[84]).

On note que quelques années auparavant, dans un village non loin de Sayram, au Kazakhstan méridional, un homme, qui passait la nuit à proximité du tombeau d'un musulman, avait été choisi par un esprit pour devenir chamane et il reçut de celui-ci une sorte de hochet en bois de cerf pour officier[85]. La référence aux cervidés dans les traditions folkloriques du Kirghizistan et dans une partie du Kazakistan méridional, ainsi que dans les régions limitrophes en Chine, s'explique par la présence du grand cerf dit *maral*, absent dans la steppe, les déserts et les hauts plateaux du Pamir. Dans ces dernières régions, le cervidé cède la place au mouflon des montagnes, à la chèvre ou à d'autres petits animaux à cornes. Ces derniers deviennent les esprits auxiliaires du chamane dans les rituels de cure, et l'animal guide ou initiateur dans les mythes et légendes[86].

Le plus remarquable parmi les animaux de substitution au cervidé est le grand mouflon des pamirs ou *arhar*, décrit pour la première fois par Marco Polo, et auquel il donne son nom, *ovis poli*, en 1840. Les cornes imposantes de cet animal (développées en spirale, elles peuvent atteindre jusqu'à deux mètres), qui, cependant, ni ne tombent ni ne repoussent, ont durablement impressionné la population locale et les voyageurs. La région de Hingou, dans les pamirs tadjiks, accueille une confrérie spécialisée dans l'art de chasser cet animal. Cette technique sacralisée se pratique, d'après un témoignage qui date des années 1930, dans le cadre d'un cérémonial précis placé sous le haut patronage du prophète David et orchestré par les membres du clergé ismaélien appelés *pîr*. La confrérie est fortement inspirée par le modèle des corporations de métiers persanes et centrasiatiques dont le patron est justement le prophète en question. Le chasseur qui désire rallier cette organisation est reçu à l'issue d'un rituel initiatique à caractère secret, complété par un repas en commun, puis par la transmission et l'enseignement de plusieurs techniques de chasse (tir, apprentissage des cris et sifflements d'oiseaux, etc.). Le fusil du chasseur est consacré par une prière et l'initié doit offrir un turban et un manteau à son maître[87]. Le fait que la viande de mouflon obtenue à la suite de la chasse soit partagée entre les chasseurs et la population du village laisse penser que la fonction de cette chasse sacrée est de conclure un rite d'alliance entre les hommes et l'esprit des lieux incarné dans l'animal. Le mouflon est chassé du reste uniquement par besoin et jamais en grand nombre[88].

L'animal à corne joue aussi un rôle notable dans le processus d'élection d'un nouveau chamane. En effet, selon une tradition récente collectée dans les années 2000, dans le district autonome Kirghiz de Qizilsu, au Xinjiang (Chine), un jeune berger âgé de onze ans découvre un intrus dans son troupeau ; il s'agit d'un bélier gris qu'il est toutefois le seul à voir. Il tombe alors malade puis, à l'âge de quinze ans, le bélier prend une forme humaine. Le jeune berger comprend que l'animal est en fait la forme prise par un esprit qui l'a élu et qui le pousse à devenir chamane. Aidé par cet esprit, qui serait celui d'un saint musulman, et par plusieurs autres, l'adolescent commence à soigner des malades. Par ailleurs, l'intimité avec son animal guide est telle que, durant les rituels de cure, il imite fréquemment celui-ci lorsqu'il l'invoque. Il devient un guérisseur réputé dans les années 1970[89].

D'un autre côté, à défaut de cervidé, les chamanes islamisés établis dans les oasis en bordure du désert ou de la steppe ont recours aux petits animaux à cornes pour la confection de leurs ustensiles de cérémonie. La peau de la chèvre par exemple est utilisée pour la fabrication du tambour (*dojra*)[90]. De même, les esprits du panthéon centrasiatique peuvent prendre la forme d'une chèvre noire[91] et on connaît un esprit féminin, la « jeune fille blonde » (Sarıkız), bien connue dans la vallée du Ferghana et jusqu'à Samarkande, qui se transforme en un bouc jaune[92].

La vieille religion des esprits et le chamanisme s'accommodent sans problème, ici, du monde culturel et religieux musulman. Les esprits ou les « maîtres-des-lieux » sont partout chez eux ; ce sont les religions qui s'adaptent à leurs espaces et qui les absorbent graduellement dans les panthéons de leurs créatures surnaturelles.

7. Le cerf, guide et messager en Haute-Asie

Le cerf est mis en scène dans un ensemble de récits à caractère mythique et épique dont les bardes et les chamanes assurent la transmission depuis les périodes les plus lointaines. Cultivés par les nomades de langue turque et mongole, ces récits ont été introduits jusque dans les marches européennes, dans l'actuelle Bulgarie, en Hongrie et en Anatolie où ils sont, encore aujourd'hui, lus, récités ou chantés, et non sans avoir été adaptés à de nouveaux contextes géographique et religieux. Le cerf y remplit des fonctions variées, jamais très éloignées les unes des autres : il est un messager ou un guide envoyé par une déesse, et parfois la déesse elle-même. Souvent, la rencontre du cervidé et du chasseur qui le traque se conclut par une union entre ce dernier et l'esprit féminin dont l'animal est le véhicule : leur descendance croise alors les genres humain et animal… et la nature avec la Surnature.

L'un des mythes les plus anciens (VIe-VIIe siècles), apparu dans l'empire Göktürk qui s'étend en partie sur l'actuelle Mongolie et les monts de l'Altäi, berceau des peuples turcs, est préservé dans une source chinoise. On peut lire qu'un souverain Göktürk retrouvait régulièrement son aimée, la Déité-Mer (Dengiz-Tangri), dans une grotte qui lui servait de demeure. Or ce souverain assiste, un jour, au cours d'une chasse, à la mort d'un cerf blanc, abattu d'une flèche par l'un de ses soldats. On note ici la singularité qui marque l'animal, la blancheur de sa robe, un fait rare. Par la suite, étant dans l'impossibilité de retrouver son aimée, le souverain réalise que celle-ci se confondait avec le cerf blanc qui avait été tué[93]. Peut-être existe-t-il un lien entre ce récit mythique et un possible tabou chez les Göktürk à l'égard de cet animal. On sait en effet qu'un voyageur chinois, présent à la cour du souverain des Göktürk occidentaux, au VIIe siècle, constate que les cerfs se déplacent librement et que l'homme qui tuerait l'un d'eux serait puni sévèrement, parfois même mis à mort[94] *(figure 17)*.

Fig. 17. Représentation de l'esprit-cerf (*lu-shen*), en Mongolie intérieure, par le peintre mandchou Liu Baoping.

Il existe un parallèle à ce mythe en Sibérie méridionale. Un jeune homme, appelé Yestey Möngkö, poursuit, pendant sept ans, une femme-cerf qui vit sous terre, avant de la capturer et de l'épouser[95]. Un autre mythe encore, localisé dans l'Altaï, met en scène un chasseur qui traque un cervidé jusqu'à l'intérieur d'une montagne où l'animal chassé s'est réfugié. Le chasseur réalise alors, lorsqu'il fait face à l'animal, que celui-ci n'est en fait qu'une illusion produite par le dieu Yedi-Tanrı (Kuday[96]). Chasse-poursuite, métamorphose et alliance entre un humain et un esprit-cervidé féminin (ensuite remplacé par un saint) constituent le socle mythique des légendes et récits du cerf de l'Asie centrale et de l'Anatolie musulmane.

Selon un mythe collecté par un auteur latin mentionné ci-dessus, les Huns, parvenus sur les frontières de l'Europe, au nord de la mer Noire, au Vᵉ siècle, après des années d'errance, sont guidés par un cerf à travers une région de marécages avant de trouver une terre hospitalière. D'autres mythes et légendes font jouer un rôle clé à cet animal en relation avec l'histoire de la Hongrie et de la Bulgarie chrétienne dont les habitants sont originaires des steppes. On citera la princesse hongroise Violant, épouse, au XIIIᵉ siècle, de Jaime Iᵉʳ d'Aragon, qui a le pouvoir de se transformer en biche et que les Espagnols appellent justement la *cervola*. Le mythe du cerf asiatique s'est peut-être mêlé, dans cette région, à l'instar de l'Anatolie centrale, à la légende byzantine de saint Eustathe et du cerf crucifère[97].

Guide, éveilleur, conseiller, messager des esprits, des dieux ou du Prophète de l'islam, le cerf occupe toutes ces fonctions dans la littérature hagiographique et dans les récits et légendes de l'islam turc. On le montrera à plusieurs reprises dans les chapitres qui suivent. Mais il ne faut pas oublier que le cervidé, comme l'humain dont il prend parfois la forme, n'est qu'une des apparences prises par l'esprit. C'est ce dernier en fait qui est le guide, l'éveilleur, le conseiller ou le messager.

II

Le cerf, le saint chrétien et le soufi

1. Le cerf dans l'Europe médiévale : un imaginaire symbolique surpeuplé

Le fonds en partage est d'une richesse peu commune, solidement ancré dans les consciences d'Europe et d'Asie centrale, comme en témoignent les substitutions « naturelles » des dieux et des saints aussi bien que celles des animaux : rennes au nord, gazelles au sud, chevreuils ou bouquetins en l'absence du roi de la forêt. Les deux aires ont aussi en commun d'avoir rencontré les cultures méditerranéennes, plus tardivement pour l'Asie, essentiellement par l'intermédiaire du monde biblique ; le monde chrétien par l'Antiquité classique déjà assimilée.

Un siècle après Isidore les grands traits de la transmission étaient bien fixés ; le moine anglo-saxon Bède le Vénérable (673-735), tenant de l'exégèse allégorique, reprenait dans son commentaire du Psaume 41 les thèmes augustiniens de la vélocité des cerfs vers les terres lointaines, leur solidarité dans la traversée des mers et leur aptitude à se « refaire » ; ainsi le Christ le « cerf des cerfs » nous tire de la mort et de la corruption et nous abreuve à la vraie fontaine de la compréhension intellectuelle. Raban Maur (780-856), abbé de Fulda et élément essentiel de la renaissance carolingienne, reprit Isidore dans son *De universo* (842-847) ; les cerfs font sortir le serpent de son trou et se guérissent de leurs blessures en mangeant le dictame, ils traversent mers et fleuves en s'appuyant les uns sur les autres. Semblables au cerf sont les hommes saints qui ont le désir de Dieu : ils vont contre le venin du serpent à la source même des eaux, le Christ. Les patriarches sont comparés aux cerfs sur les hauteurs et les apôtres qui bondissent à la voix du Seigneur peuvent aussi être dits biches parce qu'ils enfantent spirituellement. La biche qualifiée de « chair du Seigneur » permet d'assimiler le faon au Christ[1]. Raban oppose les vrais fidèles qui dévorent, à l'image du cerf, le venin diabolique à son double cornu mauvais, le bouc ou le « tragélaphe » des Grecs (cet animal fantastique est présent dans l'*Histoire naturelle* de Pline également). Hugues de Saint-Victor (m. 1145) fit de même, trois cents ans plus tard, décrivant le catéchumène régénéré par l'eau du baptême après s'être délivré de ses vices (ses cornes et poils). La démarche de ce dernier est comparable au cerf blessé d'une flèche qui s'enfuit au désert en quête du « dictame » qui le débarrassera du mal : « le dictame est pour nous le Verbe de Dieu[2] ». Un autre victorin, Pierre Lombard (vers 1100-1160), qualifia d'excellente, recherchée *(exquisita),* la similitude entre le catéchumène et le cerf[3]. Alain de Lille (m. 1205 à Citeaux) comparait de son côté la nature de l'homme à celle du cerf à partir du même Psaume.

L'interprétation du Cantique des Cantiques a fleuri principalement autour de saint Bernard (1091-1153) à Citeaux dans une approche divine « au féminin ». Quatre-vingt-six sermons ont été répertoriés et traduits au XIXe siècle[4]. L'adjuration énigmatique faite aux filles de Jérusalem dans le sermon LII : « par les chevreuils et les cerfs des champs, n'éveillez pas celle que j'aime avant qu'elle ne le veuille... », invitait à la recherche d'un sens spirituel ; l'époux divin est en attente de l'âme exilée qui a échappé aux pièges de la vie comme le passereau au filet des chasseurs[5]. Elle renvoyait également au rôle d'intermédiaire des cervidés avec la divinité, comme semble l'indiquer une note de La Bible de Jérusalem sur le jeu de mots biches/*ayyalôt*-gazelles/*çebaôt* et le nom du dieu des armées : *Elohê Çebaôt*. Après avoir assimilé dans les Sermons suivants les montagnes aux esprits célestes, aux anges et les collines au domaine du mal, Bernard revenait à la métaphore animale de Ct., 2,9 : « Mon bien-aimé est semblable au chevreuil, au faon de la biche », symbolisant la vitesse et la sûreté du pied comparable à la parole de l'époux spirituel entraînant vers les hauteurs, la vue du chevreuil s'appliquant à son discernement. L'époux n'est pas dit « cerf » mais bien « faon », par assimilation à l'agneau et aux patriarches dont l'enfant Jésus est issu[6]. La violence de la chasse est détournée vers des buts « supérieurs », comme celle de la chevalerie du Temple vers les lieux saints. Saint Bernard avait renoncé aux femmes et à la chasse[7] *(figures 18 et 19).*

Son disciple Gillebert d'Hoilande (ou Gilbert d'Hoyland, abbé de Cîteaux, mort en 1172) parle dans le sermon XIII des hommes spirituels bondissant comme cerfs et biches vers la montagne de Béthel *(*Ct., 2, 17*)* comme nous y convie saint Paul « vaillant cerf » lui-même : « Oh ! les cerfs véritables [...] à qui [l'esprit de Dieu] révèle les profondeurs des mystères qui cachent le faon béni[8] ! ». Il revint sur « les hauteurs » dans le Traité 3 : « Sois semblable à la biche, qu'on te voie et que tu t'envoles[9] ». La biche du Psaume 28, 9 (29) est dite enfanter à la voix du Seigneur ou trembler pendant son travail d'enfantement ; la proximité avec la Vierge Marie (le mythe de la licorne lui est associé) se trouve confortée par l'importance du thème de la lactation, au carrefour de l'élaboration théologique et des croyances populaires. Saint Bernard lui-même s'était abreuvé au sein de la Vierge et nombre de saints sont dits avoir été nourris par des biches ; tel fut le cas, comme on l'a déjà vu, du Tristan des légendes celtiques.

Reprenant un commentaire du Cantique des Cantiques, un victorin plus tardif, Thomas Gallus (1190 ?-1246), abbé de Verceil en Piémont, relia ses développements symboliques à la théologie de Denys l'Aréopagite dans *La Hiérarchie céleste* et à la conception de l'âme « déiforme[10] ». L'allusion aux chèvres, familières des hauteurs, et aux faons du cerf de Ct 2, 8, 9 invitait l'épouse mystique à ne pas détourner son âme porteuse

Fig. 18. La lice à l'entrée du chenil de l'abbaye de Fontenay.

Fig. 19. *Le Chasseur*, sculpture de l'abbaye de Fontenay.

de l'image de Dieu de la connaissance des choses divines ; la quête était qualifiée de « chasse spirituelle ». L'Époux qui venait en bondissant et en franchissant montagnes et collines avec la légèreté des cerfs ne devait pas trouver la bien-aimée détournée des « nourritures très savoureuses de sa chasse ». Quelle meilleure « désignation » pouvait-on faire de « l'intellect très pur des anges, très rapide pour contempler tous les spectacles divins » que celle du faon du cerf « qui court aisément » ? Un peu plus loin, Thomas Gallus associait le regard de l'aigle à la légèreté du cerf.

Un grand pas avait été déjà franchi dans l'Orient chrétien pour l'association de l'animal à la personne même du Christ à l'occasion de la querelle des images. En 730, l'empereur Léon III l'Isaurien avait interdit la représentation de Dieu, du Christ ou de Marie, provoquant la réaction de ceux qui se fondaient sur l'incarnation pour la justifier[11]. Jean Damascène (676-749) rédigea trois traités pour défendre les icônes. La légende de la chasse de Placidus/Eusthate/Eustache s'inscrit dans cette entreprise au carrefour de la théologie et des croyances populaires ; elle reprend des thèmes iconographiques pré-chrétiens de la Cappadoce. Ce général des armées de Trajan chassait comme à son habitude. Son groupe se trouva divisé en trois ; il choisit le plus beau cerf. Suivi de quelques compagnons dans la forêt épaisse et accidentée, il se retrouva bientôt seul, son cheval encore en état. Le bel animal fit l'ascension d'un rocher d'où il domina les environs[12] ; le Dieu suprême l'avait conduit là au terme de sa poursuite acharnée, transformant le chasseur en chassé. Il vit alors dans la ramure la croix portant le corps du crucifié qui lui parla par la bouche du cerf comme Yahvé avait emprunté celle de l'ânesse pour rappeler Balaam à l'ordre[13]. « Pourquoi me persécutes-tu ? Je connaissais tes œuvres… » *(figure 20).*

Le prodige était différent de celui de Pierre averti en songe de la rencontre avec le centurion Corneille[14] mais s'apparentait par sa soudaineté à la conversion de saint Paul tombant de

Fig. 20. Église de Canongate Edimbourg (faîtage).

son cheval[15]. L'art de l'icône s'empara du thème avec quelques variantes. Le Psautier Chludov, par exemple, manuscrit byzantin de la fin du IXe siècle représente la vision d'Eusthate avec le visage du Christ en médaillon dans la ramure ; on retrouve la même disposition sur un retable de l'abbaye de Saint-Denis dans le monde latin[16], abbaye qui joua un rôle central dans la « mythologie » de la monarchie française. Ces images reconquirent leur entière légitimité avec la distinction faite par Jean Damascène entre l'adoration allant à Dieu seul et la vénération due à l'icône. L'Église latine, de son côté, tendit progressivement à confondre Eusthate avec saint Hubert ; la légende était connue en Occident dès l'époque carolingienne, mais connut le plus grand succès populaire en France au XIIIe siècle. On croyait alors au transfert de ses reliques à l'abbaye de Saint-Denis.

Saint Jean de la Croix (1542-1591) reprit dans son Cantique spirituel (première version 1584) l'image du cerf passeur de l'âme souffrante du désir de Dieu, familier des hauteurs et cherchant la fraîcheur quand il était lui-même atteint : « comme le cerf vous avez fui après m'avoir blessée » (strophe I) et « car le cerf blessé apparaît sur le sommet de la colline, attiré par l'air de ton vol qui le rafraîchit » (strophe XII, le vol de l'âme qui prend son envol)[17].

2. Du cerf-Bouddha au cerf crucifère

L'implantation du bouddhisme en Asie centrale, à partir des IIe et IIIe siècles de l'ère chrétienne, favorise la diffusion de certains textes religieux relatifs au Bouddha et à ses vies antérieures (*jataka* — nativités). Dans l'un d'eux, le prince Sidharta adopte l'apparence d'un cerf. Traduites en turc uyghur, ces *jataka* constituent le modèle de plusieurs récits légendaires qui parviennent jusqu'en Anatolie[18]. Le souverain indien Dantipala, dans l'une de ces *jataka*, se rend à la chasse au cerf et découvre, parmi cinq cents bêtes, un animal exceptionnel à la robe dorée. Il s'agit en fait du dieu des cerfs, incarnation du Bouddha. En dépit des conseils de l'animal qui lui suggère de ne pas le poursuivre, le souverain le prend en chasse et le tue[19]. Peu après et malgré son repentir, l'homme est condamné à souffrir mille tourments. Dans une autre *jataka*, le cerf-Bouddha se constitue prisonnier du roi de Bénarès à la place d'une biche gravide qui vient d'être capturée. Le souverain, par la suite, est impressionné par l'abnégation du Bouddha et son discours mystique (*Nigrodhramiga-Jataka*, n° 12[20]). Le cerf des *jataka* laisse également son empreinte dans l'art des monastères et des temples bouddhiques de la route de la Soie. Plusieurs fresques du VIe siècle qui montrent l'animal loué par un roi ou agenouillé devant un boddhisatva ornent en effet des grottes de retraite dans les oasis de Dunhuang (province chinoise du Gansu) et à Qizil, près de l'oasis de Kutcha, au Xinjiang[21] *(figures 21 et 22)*.

Fig. 21 et 22. Peintures dans la grotte n° 38 à Kizil, Kutcha, Xinjiang, Chine.

Le cerf bouddhique est ensuite accueilli par la tradition musulmane ; il inspire des récits qui illustrent la chasse au cerf comme chasse maudite et mettent en avant la compassion de cet animal, vu comme exceptionnel, parce qu'il sait la langue des hommes et qu'il a l'esprit de sacrifice. Un texte kazak va plus loin encore, identifiant clairement le chasseur à un infidèle (un chrétien) et le cerf à Muhammad. Le premier piège l'animal et ses faons, et le cerf s'offre alors en remplacement de ces derniers. Revenus se constituer prisonniers pour libérer leur père, les faons s'agenouillent devant celui-ci. Touché par le geste désintéressé du cerf-Muhammad et sa pratique du don de soi, le chasseur libère alors les animaux et épouse l'islam[22]. Ce texte doit être classé dans un genre à part, celui des récits de conversion à la religion du Prophète Muhammad ou à des écoles ou des confréries du soufisme, qui va connaître un développement important en Asie centrale et en Anatolie. Les principaux acteurs en sont le cervidé et l'animal à cornes.

Une place à part doit être réservée à une figure atypique, le souverain de Balkh Ibrâhîm Adham (IXe siècle), que la rencontre d'une gazelle convainc de renoncer au monde et de prendre l'habit des ermites, à l'image du prince Sidharta Gautama qui abandonne aussi son royaume et devient le Bouddha. S'exprimant dans la langue des hommes, la gazelle suggère à Ibrâhîm d'abandonner la chasse et de « s'éveiller » avant de mourir, dans le but de comprendre pourquoi Dieu l'a créé[23]. Cet épisode est repris par le mystique persan Mavlânâ Jalâl al-dîn Rûmî (XIIIe siècle) qui l'interprète dans un sens mystique encore plus marqué :

> Tournant sa tête vers lui, elle [la gazelle] lui dit : « As-tu été créé pour m'achever ? On ne t'a pas créé pour ma mort, et on ne t'a pas amené du néant à l'existence pour que tu me chasses. Supposons que tu m'aies capturée, qu'aurais-tu gagné ? »
> Quand il entendit ces mots, Ibrahîm se mit à crier et se jeta à bas de son cheval. Personne ne se trouvait alentour, sauf un berger. Ibrahîm le supplia de prendre ses vêtements royaux ornés de pierreries, ses armes et son cheval et de lui donner en échange

> sa cape de feutre, de ne le dire à personne, de ne donner aucune nouvelle de lui. Il s'habilla de cette pèlerine et se mit en route. Or considère quel était son propre but et quel était celui de Dieu ! Il voulait capturer une gazelle, mais grâce à elle, Dieu le Très Haut le captura, afin que tu saches que dans le monde arrive ce qu'Il veut et que le but, c'est de Le posséder et d'être soumis à Lui[24].

Les *jataka* ne s'imposent pas dans les seules régions de l'Asie où des communautés bouddhistes sont implantées. Leur influence se déploie plus loin encore, jusqu'en Anatolie byzantine où le cerf-Bouddha est peut-être le modèle du proto cerf crucifère qui apparaît à saint Eustathe. Plus précisément, le cerf bouddhique se greffe sur les légendes du cerf héritées de l'Antiquité classique et des débuts du christianisme. L'indianiste allemand Ulrich Schneider estime que la légende du général romain Placidus, qui devient saint Eustache, s'inspire de deux *jataka* bouddhiques dont le *Nigrodhramiga-Jataka*, cité ci-dessus. On ne dispose pas cependant, écrit-il, de textes écrits pour attester la transmission de ces hagiographies bouddhiques en terre chrétienne, concluant que cette transmission s'est très certainement effectuée sous une forme orale. Dans une version légèrement différente de celle rapportée ci-dessus, le chasseur Placidus, fasciné par la croix qui apparaît subitement entre les bois immenses du cerf, écoute l'animal qui lui dit : « Placidus, pourquoi me poursuis-tu ? Je suis le Christ, celui que tu adores sans le connaître encore. Retourne en ville et fais-toi baptiser. »

Une autre *jataka* inspire un récit différent qui témoigne de la compassion du cerf-Bouddha à l'égard d'une biche gravide et qui s'offre au chasseur à la place de celle-ci[25]. L'archéologue Nicole Thierry ne soutient pas la thèse d'une origine bouddhique de la légende chrétienne. Elle estime que le récit de saint Eustache résulte sans doute d'une « christianisation de mythes indo-européens, celui du cerf avatar du grand dieu et du cerf support du grand dieu » tels que les Hittites, par exemple, les cultivaient[26].

Le creuset anatolien où se fondent peuples et religions connaît son apogée avec l'arrivée de l'islam et la rencontre du cerf de la steppe et du cerf crucifère de saint Eustache dont dix-neuf fresques ornent, depuis le VIIe siècle, des églises de Cappadoce[27]. Les musulmans connaissent, sans nul doute, ces peintures du grand ruminant (parfois du mouflon) où l'animal est représenté avec une robe rouge ou rousse, plus rarement brune, et habituellement dressé sur un rocher, conformément à la légende. Nicole Thierry, au cours de ses recherches sur les églises de Cappadoce, dans les années 1990, a relevé une persistance du culte du cerf chez les habitants musulmans des villages de Soğanlı, Ortaköy et Erdemli, tous trois situés précisément à côté d'une église qui abrite une fresque impressionnante du cerf crucifère. « Le port altier du cerf, écrit-elle, qu'un cerne blanc détache du fond vert, sa ramure présentée de face en couronne autour d'une croix lumineuse donnent bien à la vision son caractère divin[28] » *(figure 23).*

Fig. 23. Église de Mavrucan, début du VIIe siècle, Cappadoce, Turquie.

Par ailleurs, N. Thierry a localisé aux limites orientales de la Cappadoce (district de İliç), un site étonnant, celui du couvent arménien de Benka (XIe siècle), où la tradition religieuse situe l'apparition du cerf crucifère à Placidus. À la fin du XIXe siècle, les Arméniens montrent encore aux visiteurs « l'arbre toujours vert sous lequel, pensent-ils, s'était réfugié l'animal ». En dépit du départ des Arméniens, au début du XXe siècle, cette tradition reste vivante. N. Thierry signale en effet que les Kurdes de la région, qui ont succédé aux chrétiens, expliquent qu'à cet endroit un « cerf de lumière était apparu à un chasseur[29] ». Ce témoignage n'est pas anodin car il illustre le phénomène des légendes partagées par des peuples de religions différentes, comme c'était autrefois le cas, autour des tombeaux de saints musulmans et chrétiens d'Anatolie et des Balkans. Dans le cas particulier qui nous intéresse ici, le partage de la légende du cerf crucifère par des chrétiens et des musulmans (même s'il n'est plus crucifère aux yeux de ces derniers) laisse penser que les récits du cerf de la steppe, transmis par les musulmans turcs, principalement cultivé chez les soufis d'Anatolie, et le cerf de saint Eustathe, ont pu influer l'un sur l'autre.

3. Hommes, cerfs et esprits

La chasse au cervidé occupe une place importante chez les sociétés chasseresses de Sibérie[30]. Le seul interdit existant ne concerne, en règle générale, que les animaux atypiques (« biches à ramure » ou cervidés à robe blanche ou bigarrée), animaux dits chamaniques, qui ne sont pas tués eu égard à la fonction qu'ils occupent comme maîtres-esprits ou initiateurs des chamanes[31]. Cependant, l'interdiction de chasser et de tuer ces bêtes a parfois dû être imposée, comme chez les Göktürk occidentaux au VIIe siècle[32]. Peut-être ne s'agissait-il là que d'un interdit concernant les seules bêtes appartenant à un souverain.

Dans les régions du Caucase et en Anatolie, la chasse au cervidé est également très prisée. La principale épopée des Turcs occidentaux, « Le Livre de Dede Korkut », témoigne de son prestige et du plaisir que les souverains éprouvent à poursuivre les « cerfs aux longues ramures[33] ». À Divriği, en Anatolie centrale, la chasse se pratiquait traditionnellement à l'automne avec l'objectif de rassembler la viande nécessaire pour l'hiver. Toutefois, les chasseurs se faisaient un point d'honneur de ne jamais tuer de biches gravides, et la viande obtenue à l'issue de cette chasse, considérée comme « sacrée », était en général partagée avec les voisins ; c'était, selon l'éthique musulmane, une « action méritoire » (*sevap*)[34]. Qui plus est, les Ottomans avaient un faible pour la viande de cerf et de chevreuil séchée qu'ils faisaient recouvrir d'un ruban épicé à base de piment rouge et d'aïl (*pastırma*)[35] *(figure 24)*.

Cependant, la chasse au cerf, ainsi que l'enseignent les mythes et la littérature centrasiatique, n'en est pas moins impopulaire en raison du caractère sacré de l'animal et de la passion morbide que développe le chasseur pour cette pratique. Elle porterait malheur à ce dernier[36], à l'image de la « chasse maudite » en Europe qui se conclut fréquemment par la mort de celui-ci[37].

Fig. 24. Représentation de cerf dans une assiette d'Iznik, XVIIe siècle.

L'épopée du « Chasseur Biynöger » (XIIIe-XIVe siècles), collectée dans le Caucase, plus précisément dans l'actuelle république des Turcs Karachay-Cherkess, au nord de l'Arménie, est sans doute le plus significatif des récits consacrés à la chasse au cerf ou à ses substituts à cornes. Les Karachay-Cherkess, en dépit de leur adhésion à l'islam, cultivent des croyances anciennes probablement héritées des Scythes. Ils vénèrent en particulier une déité à forme de mouflon blanc, appelée Apsati, qu'ils imaginent également sous la forme d'un grand et majestueux vieillard à la barbe blanche. Apsati, qui règne depuis le sommet d'une haute montagne, est le protecteur des animaux sauvages et principalement des cerfs et des mouflons. À ce titre, il impose un rituel préparatoire à la chasse (sacrifices, prières, etc.) et, avant tout, punit ceux qui chasseraient sans son autorisation. De surcroît, il limite la chasse abusive lorsqu'elle menace le renouvellement de la population des cervidés. Un lieu de culte nommé « rocher de Apsati » lui est consacré dans la ville de Chegem (Kabard-Balkaria) où des rituels sont organisés au printemps avant l'ouverture de la chasse. La fille de Apsati, appelée Baydimat ou Fatimat, elle aussi vénérée, a le pouvoir de se transformer en cerf[38]. On reconnaîtra derrière l'emprunt du nom de la fille du Prophète de l'islam (Fâtima) une hybridation réussie entre le culte ancien du dieu-cervidé et la nouvelle religion. C'est là toutefois le seul élément à caractère islamique de ce récit légendaire qui se situe dans une position intermédiaire entre les légendes qui mettent en scène le cerf chamanique et celles qui feront de cet animal le véhicule des saints soufis. Le récit reflète en outre deux des règles éthiques fondamentales de la chasse traditionnelle en Sibérie : épargner les femelles gravides et ne tuer que les bêtes nécessaires afin de ne pas mettre en péril le renouvellement de l'espèce[39].

Le jeune chasseur Biynöger est fils de roi, mais il ne tient pas compte des règles ancestrales qui régissent la chasse. Il tue cerfs et mouflons en trop grand nombre, ce qui menace l'espèce, et irrite Apsati. Plus encore, afin de guérir son grand frère malade et sur les conseils d'une magicienne, Biynöger doit se procurer du lait de biche blanche (*ak maral*) et il se lance alors dans une course endiablée à la poursuite d'un tel animal, très rare, qu'il débusque finalement et blesse, sans cependant jamais réussir à la tuer. Le jeune homme est impressionné par la beauté de cette bête – « biche à la ramure », il convient ici de la préciser – dont il n'a jamais vu l'équivalent dans sa vie de chasseur. Celle-ci, qui ne possède que trois pattes – autre singularité – porte une ramure d'or et sa « tête scintille comme les neiges du mont Albruz ». Le texte épique multiplie les louanges à son sujet :

> « Ses bois sont comme une broche qui pénétrerait ses chairs […] son ascension de la montagne est comme le vol d'un oiseau dans le ciel […] la blancheur [de sa robe] est comme le lait qui vient juste d'être tiré […] sa finesse comme celle d'une femme qui danse le jour de son mariage[40]. »

Biynöger se doute qu'il n'est pas en présence d'un cerf quelconque ; il songe à un esprit maléfique (*shaytân*) ou un djinn, voire au diable lui-même (Iblîs). Il a ensuite la surprise d'obtenir une réponse de l'animal auquel il demande de se laisser capturer pour obtenir le lait qui peut sauver son frère. S'exprimant dans la langue des hommes, la biche blanche lui enjoint de cesser sa poursuite, lui qui « fait pleurer les cerfs », et précise qu'elle n'est ni un djinn, ni un esprit maléfique, ni le diable et même pas un cerf, mais Fatimat, fille de Apsati[41]. Biynöger ne renonce pas à sa chasse pour autant et Fatimat le maudit. Puisqu'il n'a jamais pu, depuis son enfance apaiser son envie de viande de cerf, que les corbeaux, lui prédit-elle, ne puissent plus, dès lors, apaiser leur envie pour sa chair. Piégé par la biche qui le perd dans des rochers escarpés entourés de précipices, Biynöger ne peut plus redescendre dans la vallée et survit quinze jours sans boire et manger, avant de se jeter dans le vide *(figure 25)*.

Fig. 25. Illustration moderne d'une édition de l'épopée de Biynöger.

L'épopée kirghiz de Kojojash présente des ressemblances étonnantes avec celle de Biynöger. Il faut même supposer que l'une a sans doute inspiré l'autre. Kojojash, fils de roi, comme Biynöger, est un chasseur impitoyable qui abat un grand nombre de cerfs pour subvenir aux besoins de sa tribu et non pour le plaisir de la chasse. Ses tueries, cependant, menacent l'équilibre de la population des cervidés au point que Sur-Echki (Chèvre grise), le dieu-esprit protecteur de ces animaux et des mouflons, finit par le maudire. Au cours d'une chasse, Kojojash blesse un cerf à la patte et tue sa biche et ses faons. Il apprend plus tard que l'animal blessé est Sur-Echki, et que la biche et les faons composaient sa famille. Poursuivi par Kojojash, le dieu-esprit entraîne le chasseur au sommet d'une haute montagne où l'homme se trouve bientôt dans l'incapacité de redescendre. Piégé dans cet environnement hostile, le chasseur n'a d'autre solution que de se donner la mort[42].

L'influence de l'islam est à peine visible dans ces récits dont l'élément central repose, en fait, sur le statut atypique du cervidé ou du mouflon qui ne possède que trois pattes. Ce type de singularité est justement ce qui fait l'animal-esprit et le maître du lieu dans le chamanisme. Aujourd'hui encore, chez les Tuvas de Sibérie, les chasseurs reconnaissent des « bêtes spéciales » qui se différencient des autres animaux de leur espèce par des anomalies assez proches. Or ces animaux ne doivent pas être abattus, ils sont sacrés[43]. On reviendra sur ce point essentiel. Deux autres particularités s'ajoutent au corps à trois pattes : la robe blanche de la biche de Biynöger et surtout sa ramure. Les textes entretiennent volontairement la confusion sur le sexe du cervidé, faisant de celui-ci un être atypique et manifestement androgyne qui possède les qualités des deux genres, rappelant l'ancienne Mère-à-la-ramure, féminine par sa partie biche mais masculine par ses bois.

Les deux légendes qui suivent confirment enfin le lien intime qui associe les esprits – devenus des djinns ou des *parî* – et les cervidés ou mouflons, en Asie centrale et en Anatolie musulmane. Les esprits laisseront ensuite progressivement la place au saint soufi. La première légende a pour cadre les pamirs. Un jeune chasseur nommé Sharîf est l'amant d'une *parî* et fréquente en conséquence les réunions festives des esprits au cours desquelles ces derniers chantent et dansent. Près d'eux, se rassemblent en toute quiétude de grands mouflons, comme s'il s'agissait d'« animaux domestiques », est-il précisé. Nonobstant le fait que la *parî* signifie à Sharîf qu'il ne doit, en aucun cas, chasser les mouflons, celui-ci aperçoit, un jour, lors d'une de ces assemblées, un individu gigantesque, hors normes, qui le fascine immédiatement et éveille son sens de chasseur. Il l'abat, lui coupe la tête, le dépèce, emporte sa peau, ses cornes et offre la carcasse à la population de son village. Effrayée par le geste de Sharîf, la *parî* demande à tous les autres mouflons présents de s'enfuir, et, fâchée, elle cesse dès lors d'apparaître aux yeux de son amant. Sharîf tombe aussitôt malade, très certainement à cause de son acte. O la maladie, dans le chamanisme islamisé, est généralement le résultat de l'action maléfique d'un esprit. Sharîf reste malade pendant deux années avant que la *parî* ne lui apparaisse à nouveau, en rêve, pour lui apprendre que l'entière communauté des esprits a été révoltée par le meurtre du mouflon et qu'il doit accomplir un sacrifice de mouton pour faire oublier son geste. Sharîf s'exécute, il guérit aussitôt, et ses relations avec la *parî* reprennent à nouveau, comme par le passé[44].

La seconde légende est anatolienne et a été collectée dans les montagnes au nord de la ville d'Antalya. Elle rapporte l'histoire d'un jeune garçon, appelé 'Ârif, parti chasser le cerf sans tenir compte de la recommandation des villageois qui lui avaient enjoint de ne pas s'aventurer en montagne tant que les esprits (djinns et *parî*) qui résident en ces lieux n'avaient pas préparé les espaces d'estivage. Ces derniers, en effet, parcourent la montagne pendant cette période de l'année et ne tiennent pas à être aperçus des humains. Les esprits capturent en conséquence l'imprudent 'Ârif et le rouent de coups. À la suite de ce contact avec ces êtres surnaturels, le jeune garçon tombe malade et meurt quelques mois plus tard. D'autres légendes entendues dans la même région éclairent l'histoire malheureuse du jeune homme. L'une explique que c'est sous la forme d'un cerf que les djinns et les *parî* attirent les chasseurs dans leur piège[45]. Une autre précise qu'un chasseur qui a tué une biche traite par une *parî* est puni par cette dernière qui lui dessèche la main[46]. Or le jeune ʻÂrif a justement surpris les djinns et les *pari* en train de traire leurs biches.

Les récits légendaires abordés ici se situent clairement entre les légendes du cerf chamanique, pour la plupart centrasiatiques, et les textes, principalement anatoliens, qui font de cet animal, davantage islamisé, un véhicule du saint soufi. Si ces textes appartiennent à la culture musulmane, ils n'en accordent pas moins une place notable aux esprits des anciennes religions dont les plus puissants sont les protecteurs des cervidés et autres bêtes à cornes, protecteurs qui empruntent fréquemment le corps de ces animaux. On note également que dans ces cas précis les contacts non désirés des hommes avec les esprits ont fréquemment une issue fatale, puisque ceux-ci leur communiquent une maladie mortelle. Ce qui est un héritage, certes déformé, de la religion chamanique. Enfin, la conception de la chasse, dans ces récits, est celle d'une activité régulée par les esprits, au nom de l'équilibre naturel, et en vue d'assurer la survie des sociétés et humaine, et animale. La chasse n'est malheureuse que si ces règles ne sont pas respectées.

4. Transformations : de l'esprit-cerf au saint-au-cerf

Les sociétés chamaniques d'Asie centrale et de Sibérie attribuent aux animaux atypiques un statut particulier, disons une sorte de sacralité, qui leur épargne la mort sous le couteau du chasseur. L'anthropologue Charles Stépanoff, qui a étudié ce phénomène à Touva, qualifie ces bêtes d'« animaux-chamanes » ; ils se distinguent des autres individus de leur espèce, écrit-il, soit par la couleur inhabituelle du pelage, blanc principalement, soit par une infirmité, une anomalie ou, pour un cervidé, par une ramure exceptionnelle, la présence d'un seul bois, d'un seul œil ou d'une robe bigarrée. Il est prescrit de ne les tuer en aucun cas, au risque que cela porte malheur au chasseur qui passerait outre cette recommandation : « si tu en tires, tu seras malade toi-même. Quand tu le vises pour tirer, il se transforme en homme ». Charles Stépanoff retient que l'animal, dans ce cas précis, n'appartient pas à l'espèce dont il adopte l'apparence, mais à une autre catégorie de créatures anthropomorphes qui sont des esprits-maîtres de lieu[47].

En terre musulmane, l'équivalent le plus évocateur de cet animal-chamane et, ici, du cerf-chamane, avec certes une fonction nouvelle, est le cerf à trois pattes, parfaitement illustré dans l'épopée du chasseur Biynöger, ou bien la biche blanche, ou encore la « biche à la ramure ». Par ailleurs, dans différentes zones, d'autres cerfs et animaux à cornes ne possédant pourtant pas une apparence remarquable se trouvent néanmoins confrontés au chasseur dans des conditions presque identiques à celles que connaissent les animaux-chamanes à Touva ou en Sibérie. Ainsi, il est rapporté qu'au Turkménistan (districts de Kyzyl Arvat et de Kra-Kalinsk), dans les environs du mausolée du saint soufi Faqîr Shaykh, un chasseur, confronté à un mouflon, constate, après avoir mis en joue la bête, qu'il s'agit d'un « saint vieillard ». Il baisse son arme et, à nouveau, devant lui, se tient le mouflon ; sidéré, le chasseur renonce finalement à tirer[48]. Dans cette région de steppe, mouflons et chèvres se substituent au cervidé, et leurs cornes, à l'instar des bois, ornent les lieux saints et les espaces à protéger[49]. La singularité des animaux n'est pas marquée, dans ces derniers exemples, par un signe physique mais par le pouvoir de transformation. Autrefois, véhicule d'un esprit, l'enveloppe animale est dès lors celle d'un saint musulman.

On connaît des récits similaires en Turquie méridionale. L'un, lié à la tribu turkmène Elbeyli, est résumé en une phrase : « un homme décoche une flèche à un cerf qui s'abreuve, celui-ci prend immédiatement la forme d'un sage à barbe blanche[50], l'homme se jette à ses pieds et fait pénitence[51] ». Un autre récit est rapporté par le folkloriste Pertev Naili Boratav, qui l'a entendu de la bouche de chasseurs au sud-ouest du pays (İbradi, Antalya) : « lorsque le chasseur tire sur un cerf, celui-ci disparaît et à sa place apparaît un vieil homme barbu[52] ». Autre exemple, dans les monts de Nurhak, en Anatolie centrale, un chasseur découvre un sage (*koca*) à barbe blanche près des cerfs qu'il poursuit. Ce dernier lui demande de ne jamais raconter ce qu'il a vu et il lui remet un chevreau pour prix de son silence. Le chasseur poursuit cependant sa chasse et le vieil homme, qui est en fait un cerf mâle, met un terme à celle-ci en provoquant la chute de son ennemi[53].

Dans tous les exemples cités ci-dessus, le miracle de la transformation d'un vieux sage en mouflon ou en cerf fait prendre conscience au chasseur qu'il se trouve face à un être exceptionnel, qui est, en contexte musulman, un saint soufi. C'est le cas en particulier dans la légende rattachée aux Turkmènes d'Elbeyli dont le maître spirituel (*pir*) est un certain Bozgeyik Dede, Grand-Père-cerf-gris[54]. De même, Fakîr Shaykh dont le tombeau est situé à proximité du lieu où est apparu l'homme-cerf, est un *shaykh* lié à la confrérie soufie yasavî et l'ancêtre mythique de la tribu Shih (Shaykh), l'une des quatre principales tribus sacrées des Turkmènes (*avlâd*)[55]. Il nous semble tout à fait pertinent ici de faire référence à un exemple irlandais, issu de l'histoire orale et collecté par l'homme de lettres W. B. Yeats, qui présente d'étonnantes similarités avec nos récits d'hommes-cerfs et d'hommes-mouflons. On n'ignore pas que le monde celte a une grande vénération pour les cervidés[56] :

> « Dans la tristesse de l'aube un paysan irlandais s'en allait vers les collines en quête de quelque chose à chasser. Il vit un daim (*deer*) qui buvait au bord d'un étang et le mit en joue. L'acier allait maintenant faire disparaître tout moyen d'expression, mais, lorsque le paysan regarda dans son viseur, il vit que le daim était en réalité un vieil homme qui avait pris la forme de cet animal par magie (*wizardry*). Sachant qu'il y avait là quelque influence maléfique, le paysan fit feu, et la chose tomba… Et là, étendu sur l'herbe, bien mort, reposait le plus vieux des hommes tel

> que ses yeux n'en avaient jamais vu auparavant. Et alors qu'il le contemplait, un souffle lumineux se leva et sa forme s'effrita, devant lui… Il n'en resta rien pour témoigner de ce qui venait de se produire[57]. »

La ressemblance entre nos chasseurs turkmène et anatolien et le chasseur irlandais est étonnante. Les récits suggèrent que ce n'est ni un humain qui prend la forme d'un cerf ou d'un mouflon, ni un cerf ou un mouflon qui adopte celle d'un homme, mais une entité, un esprit, un animal-chamane qui emprunte différents vêtements corporels. Les Tahtacı de Turquie (liés à l'alévisme), par exemple, décrivent le cerf comme un « être parfait », accompli, réalisé (*eren*), titre réservé aux grands soufis et aux saints, mais ils affirment aussi que ce même cerf est une « espèce d'ange » (*melek*), entendons un esprit[58].

Dans la légende rapportée plus haut, le vieil homme qui adopte l'apparence d'un mouflon en présence d'un chasseur est peut-être Faqîr Shaykh dont le mausolée, l'un des plus visité du Turkménistan, se trouve à proximité. Ce saint appartient à la lignée spirituelle de Ahmad Yasavî (m. 1166), la principale figure mystique de l'Asie centrale et l'éponyme de la confrérie Yasaviyya qui a été diffusée jusqu'en Anatolie et en Chine. Or, cette confrérie soufie accorde une place particulière aux cervidés et aux bêtes à cornes. Son inscription au cœur de l'Asie centrale, dans l'actuel Kazakhstan du sud, qui appartenait autrefois à la zone d'influence du chamanisme et où se maintiennent encore de nos jours des formes variées de chamanisme islamisé, peut expliquer la présence de tels animaux dans les récits hagiographiques des saints liés à cet ordre.

Selon l'un de ces textes, des cerfs se réunissent la nuit près du tombeau de Hakîm Atâ (m. 1183), principal successeur d'Ahmad Yasavî, qui est situé près de Bakirgan, au nord ouest de l'actuel Turkménistan. On entend alors des voix s'exerçant au *dhikr*, la prière répétitive soufie[59]. L'hagiographie ne précise pas si les voix appartiennent à des hommes qui se sont transformés. Il faut le penser. Le caractère sacré de ces cerfs ne concerne pas cependant l'espèce, et la chasse de cet animal n'est pas interdite dans les textes hagiographiques. Ainsi Hubbî Khvâja, disciple de Hakîm Atâ, offre, de retour de chasse, plusieurs cerfs à son maître spirituel[60].

On a montré ci-dessus qu'une tribu du Turkménistan porte le nom de « Cerfs gris » (Boz Geyikli). Or, cette tribu soutient que Ahmad Yasavî fait partie de ses lointains ancêtres[61]. Une autre tribu, celle des Turkmènes Elbeyli, originaire d'Asie centrale et installée dans les montagnes du Taurus méridional, en Turquie, vénère un saint patron nommé Boz Geyikli Dede (le Dede-au-cerf-gris), tradition confirmée par une de leurs maximes : « Boz Geyikli, est le maître spirituel (*pîr*[62]) de la tribu Elbeyli[63] ». D'après la tradition orale, Boz Geyikli, réputé pour ses miracles et présenté lui aussi comme un descendant de Ahmad Yasavî, s'emploie à pacifier les tribus turkmènes en guerre les unes contre les autres. Cette charge est ensuite assurée par ses disciples. Mais Boz Geyikli, originaire de la ville de Tokat, est également membre de l'ordre soufi des Bektachis, ordre qu'il a rejoint après un pèlerinage sur la tombe de Hacı Bektach (Anatolie centrale). Si son lien de parenté avec Ahmad Yasavî rappelle la lointaine origine centrasiatique de la tribu, son rattachement à Hacı Bektach illustre le tribut spirituel rendu au principal maître soufi de la région d'accueil. Le mausolée de Boz Geyikli, établi dans le village de Mınıç, est, aujourd'hui encore, l'objet d'un pèlerinage qui promet la guérison aux femmes stériles et aux déséquilibrés[64].

5. Des croyances solidement ancrées jusqu'à la Renaissance et au-delà

En dépit d'une histoire qui entraînait depuis longtemps déjà l'Occident chrétien loin des représentations symboliques traditionnelles, le cerf a conservé l'essentiel de ses traits, passeur entre les temps et les aires culturelles.

Les vertus médicinales prêtées à l'espèce depuis l'Antiquité sous l'autorité d'Aristote ou de Pline et fidèlement reprises par Isidore se sont retrouvées dans les spécialités de saints guérisseurs et figurent en bonne place dans les traités de vénerie jusqu'à la Renaissance. Le *Livre de la chasse* (1388) de Gaston Phébus confirme le secret du rajeunissement du cerf qui va boire abondamment pour se débarrasser du venin après avoir tué le serpent ; « la tête du cerf porte remède contre l'endurcissement des nerfs et pour ôter toute douleur… c'est aussi le cas des moelles. Ils ont dans le cœur un os qui porte remède car il réconforte le cœur ; et bien d'autres choses qui seraient longues à décrire, qui portent remède et sont profitables en diverses matières[65]. ». Cette médecine était confirmée par le *Traité de vénerie* de Jacques Du Fouilloux[66] qui énumérait, reprenant le comte de Foix, une série de remèdes : poudres tirées de ses bois ou de son vit séché, gage de rajeunissement et contre « les flux de sang », baumes tirés « de la moelle et du suif » contre la goutte, macérations mélangées à des plantes contre les blessures et les venins, etc. En homme de la Renaissance, il citait ses sources lointaines : Isidore et Pline. Ces « menus droits » étaient prélevés à la curée, une opération très ritualisée assimilant la mort de l'animal à un sacrifice. L'art de « défaire le cerf » faisait déjà l'objet, on l'a vu, de longs passages dans les traités médiévaux, *La chace dou cerf* (fin XIIe siècle) mentionnait que le sang ne devait pas être répandu mais recueilli dans la peau étendue et mélangé avec du pain (allusion à l'eucharistie ?) ; les daintiers (testicules) revenaient au Maître de la chasse, le cœur, les « nœuds du cou » (glandes lymphatiques) étaient prélevés ensuite[67], les « bouelles » serpentiformes étaient agitées devant les chiens. Le rituel de la curée sonnée est conservé à peu près tel quel de nos jours : les différentes fanfares narrant les épisodes de la poursuite puis, écho lointain de la part laissée à Artémis/Diane, les honneurs du pied (droit) sont apportés par le Piqueur au Maître de la chasse qui, à son tour, distinguera un des veneurs. Les crocs (canines), considérés comme des talismans, sont toujours portés, montés en bijoux. A. Lombard-Jourdan interprète la prise de position de Jean de Salisbury, évêque de Chartres (m. 1180) contre le cérémonial de la chasse et non contre la chasse elle-même par ce qu'il « savait peut-être le vieux fonds sacrificiel et païen qui se cachait sous les rites du dépècement et de la curée[68]… ». Le venin du serpent a pu être considéré comme accélérant la mue vers la nouvelle tête.

Les « saints au cerf » sont donc naturellement des guérisseurs. La vie de saint Gilles, au début du XIe siècle, relate l'existence d'un moine oriental gyrovague qui chassait le diable du corps des déments et le venin des morsures de serpents. Sa réputation envahissante le poussa après quelque temps passé à Arles auprès de saint Césaire[69] à se retirer au désert dans une caverne entourée de fourrés impénétrables où il était nourri par une biche « qui avait sans doute été destinée de Dieu pour lui servir de nourrice » (*La Légende dorée*). Chassée par le roi Flavius (nom mythique) ou le Wisigoth Wamba selon les versions, elle se réfugia auprès de Gilles dont la prière arrêta la meute. Les chasseurs revinrent le lendemain et ne virent rien ; étonné, le roi, accompagné de l'évêque et d'un grand nombre de chasseurs fit cerner le buisson et tirer une flèche pour en faire sortir l'animal, elle blessa l'homme de Dieu. Les cavaliers ayant frayé un chemin de leurs épées le roi et l'évêque constatèrent les dégâts et demandèrent pardon en offrant des compensations, Gilles refusa mais engagea le roi à fonder un monastère : l'abbaye de Saint-Gilles-du-Gard devint un lieu de pèlerinage qui essaima par toute la France[70] ; on y invoquait ce saint « auxiliateur » contre la stérilité ou les maladies du « sauvage » : l'épilepsie et la possession démoniaque.

L'intercession de biches nourricières d'ermites promis à de hautes dignités était alors familière : saint Août évêque de Bourges en 840, saint Baudelin, évêque d'Alexandrie, saint Maxime de Turin, l'abbé de Niederalt au XIIe siècle, saint Procope de Bohême, etc[71]. Saint Mammès de Césarée (259-275), arrêté sur l'ordre du gouverneur de Cappadoce, fut enlevé sur une montagne par un ange et nourri pendant quarante jours au milieu des bêtes sauvages par des biches et des chèvres avant de se livrer volontairement au martyre (son nom signifie « celui qui a été allaité ») ; il soigne les coliques et les fractures. Sainte Salaberge, à Ardon près de Laon, avait recueilli et adopté une biche terrorisée par un orage, la clochette qu'elle lui avait attachée au cou servit de gobelet pour boire à la fontaine devenue miraculeuse à sa mort ; son eau guérissait des fièvres. L'ermite Guy de Mayence, dans une chanson de geste tardive, est dit avoir été tué par la flèche tirée sur une biche…

La substitution entre cerf et biche mérite aussi attention ; dans le *Lai de Guigemar*, Marie de France raconte la chasse de ce chevalier sans amour qui blesse une biche portant cornes mais qui en tombant de cheval est blessé à son tour. La biche prophétise alors comme celle de Sertorius : « Hélàs, tu m'as tuée ! Sache quel est ton destin : tu n'auras aucun remède, ni d'herbe ni de racine, ni de médecin, ni de potion pour guérir la blessure de ta cuisse tant que tu n'auras pas connu celle qui te guérira et qui t'aimera comme tu l'aimeras… »

La légende de saint Hubert renseigne sur les chemins complexes empruntés à la fin de la période mérovingienne par la christianisation. Fils du duc d'Aquitaine et engagé dans la carrière des armes aux côtés de Pépin d'Herstal (645-714), il menait joyeuse vie à la cour, peu intéressé par le Christ semble-t-il ; le manuscrit du XVe siècle d'« Hubert Le Prévost » précisait à propos de sa conversion : « … aussi renonçant entièrement à tous sacrifices et cultivemens des Ydoles, lesquelz il avoit aouré tout au long de sa vie[72] ». Mais Pépin « jouait la carte » chrétienne et Hubert, converti, devint disciple de l'évêque de Tongres et Maastricht (le siège fut transféré ensuite à Liège) saint Lambert qu'il remplaça après son assassinat (avant 705). On lui prêta très vite des pouvoirs et des miracles copiés sur ceux de saint Arnould[73], un siècle auparavant, ou sur des modèles bibliques ; néanmoins les historiographes du diocèse de Liège, Gilles d'Orval, moine cistercien du XIIIe siècle, ou Jean d'Outremeuse, auteur d'une *Geste de Liège* à la fin du XIVe[74], ignoraient encore l'épisode du cerf. Il reste que la légende connut le succès au siècle suivant et fut largement répandue au XVIe par les colporteurs[75] ; elle rapporte que c'est un vendredi saint, alors qu'Hubert poussait ses chiens derrière un cerf infatigable, que se répéta, selon un « scénario » identique à celui d'Eustache, la rencontre avec le cerf qui parle. De sa bouche tombèrent des reproches et des menaces : faute de changer de vie, il serait condamné à poursuivre le même animal jusqu'à la fin des temps (allusion à la « chasse sauvage » des damnés, la « Mesnie Hellequin », qui hanta les forêts d'Europe depuis le XIIe siècle et que nous évoquerons plus loin). Hubert tomba de son cheval comme saint Paul et se retira en ermite. C'est Dieu qui, le tirant de sa solitude, en avait fait un évêque : une étole portée par un ange descendit du ciel lui donnant le pouvoir de guérir la rage et de faire fuir les esprits malins. Le corps du saint fut transféré, bien après sa mort, de la cathédrale de Liège dans une modeste abbaye bénédictine des Ardennes, à Andage, sur les lieux mêmes de l'apparition à proximité d'un sanctuaire d'Artémis/Diane, guérisseuse de la rage, dont le culte, comme le souligne Henri Gaidoz (1842-1932), s'était longtemps maintenu dans ces régions sauvages. Les moines hubertins, reprenant peut-être quelque rite païen (beaucoup de clercs le jugèrent comme tel), expulsaient l'humeur mauvaise, « le sang noir », en taillant le front des mordus en forme de croix et en faisant toucher la plaie par l'étole[76]. L'étole « avait pouvoir sur les démons, les énergumènes, les frénétiques et les enragés » rappelait le *Dictionnaire des légendes…* publié par l'abbé Migne en 1855[77]. En 1377, Henri de Ferrières[78] moralisant sur les belles propriétés que Dieu avait accordées au dix-corps royal correspondant aux dix commandements dans *Le Livre du Roy Modus et de la Royne Ratio*, ajoutait qu'une fois cerné par les chiens il se souvenait de l'os du cœur, oubliant sa couardise. Présent dans les pharmacopées du XIVe siècle, le cartilage, selon la tradition, prenait la forme d'une croix aux fêtes de l'Exaltation de la Croix[79].

Les hommes de la Renaissance ont hérité à la fois du corpus et du regard porté sur la maladie ; on recommandait vers 1450 de soigner les maladies cardiaques par « l'os du cœur » du cerf dans *Le Livre des simples médecines ou les secrets de Salerne*[80] ou le *Miroer des Apothicaires* (1539) du Lyonnais Symphorien Champier. Au début du XVIe siècle, des colporteurs dits *chamagnons* ou *montreurs de saint Hubert* parcouraient les campagnes en portant une grande caisse à deux battants contenant les images du saint et du cerf dans la forêt ; ils racontaient la légende en montrant du bout de leur baguette les épisodes marquants avant d'énumérer les guérisons miraculeuses que l'on devait au grand saint, sur le modèle de celles du Christ. Casanova, à la fin du XVIIIe siècle, mentionnait parmi les drogues qu'il manipulait avec Mme d'Urfé, une poudre tirée de l'animal[81].

Le lieu de ces récits est naturellement la forêt et la chasse, symbole de la démarche spirituelle qui comporte une série de médiations : le cerf n'est pas le Christ (sauf dans certains textes de la « matière de Bretagne ») mais le veneur ne suit pas le cerf à vue, il l'a aperçu un instant ; les chiens seuls sont aptes à déchiffrer la voie et les premiers à interpréter les signes en s'arrêtant net, comme l'ânesse de Balaam qui la première avait vu l'ange du Seigneur barrant la route. Cette médiation nécessaire de la meute est toujours mentionnée, soulignant l'unité solidaire des acteurs en vue de la rédemption de la nature tout entière[82].

La fonction traditionnelle de l'animal guide s'était ainsi adaptée au nouveau contexte politico-religieux ; la biche du gué de Clovis avait inauguré la longue série des *Gesta Dei per Francos*, selon Grégoire de Tours, dont nous verrons les implications ultérieures. Il reste que la vision fugitive d'un cerf, a fortiori blanc, au détour d'un hallier, pouvait être invoquée comme caution pour un acte fondateur. Et cela jusqu'à créer un personnage visionnaire fictif : saint Félix de Valois (parent non identifié de la famille royale), ermite en forêt de Retz, vit un grand cerf blanc s'abreuver à une source d'eau fraîche portant une croix rouge et bleue entre ses bois ; il fonda sur les lieux, en 1212[83], l'abbaye de Cerfroid (Aisne) et l'ordre des Trinitaires voué au rachat des captifs. La légende essaima dans les villages avoisinants ; la chapelle de Licy-Clignon possède ainsi un bois peint relatant le miracle.

C'est un cerf arrêté en bordure de forêt porteur d'une croix entre ses bois avec l'inscription « alpha et oméga » que contemple l'image « métaphorisée » de la « vertu de prudence » dans le *Traité des vertus cardinales* de François Demoulins (1510). Elle est de noir vêtue et tient un compas et un médaillon avec balance, épée et couronne[84].

Un autre exemple de cette imprégnation culturelle se retrouve dans la littérature alchimique du XVIIe siècle, domaine du « passage » par excellence, qui a pu utiliser la médiation du cerf dans quelques exemples d'allégories propres à l'union des principes opposés du mercure et du soufre : le *De Lapide philosophico* (la pierre philosophale) de Lambsprinck (1635) les représente sous la forme d'un cerf et d'une licorne se faisant face dans la forêt de l'œuvre. Le premier est assimilé à l'âme mercure et féminine. Le second au soufre spirituel et masculin. Le mercure se trouvait peu avant, dans l'*Anatomia Auri* de Johann Daniel Mylius (1628) figuré en roi, portant ramure et assis sur une branche de l'arbre de la philosophie, il assurait le passage vers le soufre[85]. En 1618, l'*Opus medico-chymicum*, du même Mylius, se présentait comme une suite de planches couvertes de médaillons portant devise ; parmi elles, un cerf aux andouillers garnis d'étoiles symbolisait la « matière animée », très nécessaire à la réalisation de l'œuvre. Placée sous l'autorité de « Mahomet philosophe », la devise annonçait : « La Pierre très nécessaire à cette œuvre vient de la Matière animée[86] » *(figures 26 et 27)*.

En écho aux commentaires mystiques de saint Bernard, Jean Vauquelin Des Yveteaux (1651-1716) donna un *Cantique des Cantiques interprété dans le sens physique*, édité par Sylvain Matton[87], qui assimilait le sommeil ou repos de l'épouse à la phase préparatoire de la transmutation où l'on rassemble les éléments. La légèreté du cerf sautant au-dessus des montagnes et attendu par l'épouse à l'incarnation du Seigneur correspondant au « volatil » et à « l'aqueux » du couple dissolution/coagulation :

Fig. 26. L'Arbre de la philosophie.

Fig. 27. Cerf et licorne, Lamsprinck, *De lapide Philosophico*, 1625.

« la terre est le vase et l'esprit aqueus sait la pénétrer[88] ». Vauquelin associait les auteurs et mythes antiques à l'exégèse biblique, rappelant l'inimitié avec le serpent et la ruse du cerf déjouant les pièges des chasseurs en se mêlant aux cavaliers. Il rapprochait la comparaison des seins de l'épouse à deux faons jumeaux du récit de l'allaitement de Romulus et Rémus par la louve ou de celui de Jupiter par la chèvre Amalthée[89]. L'interprétation alchimique suivait :

> « … nous pourrons dire que ces deus jumeaux sont la pierre au blanc et la pierre au rouge, qui se nourissent du laict de ces deus mamelles, fixe et volatil, d'où sort ce laict de vierghe plus blanc que les lis, qui durera jusqu'à ce que le jour commance à paraître, par le lever du soleil[90]… »

Si l'association du cerf et du serpent aux quatre éléments (le souffle ou l'eau de la bouche du premier faisant sortir de terre la bête de feu) n'a pas été utilisée dans ce contexte, on retrouve Diane et Actéon unis dans une illustration du *Janitor Pansophus* conservé à Venise[91]. Le couple tient la lune dans sa main, symbole d'eau et féminin ; il est lié matériellement par une chaîne à la roue du « Grand Œuvre » que le soleil pousse du côté opposé, associé au phénix, l'oiseau de feu.

6. Mort et résurrection

Le cerf guide et passeur, le « cerf alchimique » des chrétiens, présente plusieurs points communs avec le cerf sibérien et anatolien qui sait mourir et renaître. Les mystiques musulmans n'ont pas tardé à s'emparer de cette image.

Le rituel de la résurrection d'un animal à partir de ses os, ici d'un cervidé ou d'un capriné, constitue un nouveau lien entre le monde sibérien et l'islam centrasiatique et anatolien[92]. Ce rituel est fondé sur l'idée que les os sont le support de l'âme alors que la chair contient l'âme vitale. Aussi, les chasseurs sibériens s'emploient à ne jamais briser les os des bêtes tuées et exécutent les rituels imposés afin que l'âme de l'animal puisse revivre dans un nouveau corps. S'ils ne le font pas, les nouvelles chasses ne seront pas favorables[93]. Les esprits sont les acteurs de ce rituel car, une fois les os de l'animal mort assemblés dans le bon ordre, ce sont eux qui les « rhabillent » ou les « rajeunissent » offrant ainsi une nouvelle vie à la bête[94].

Cette croyance et le rituel qui lui est attaché ne disparaissent pas avec l'arrivée de l'islam mais ils n'ont plus la même finalité que dans les sociétés chasseresses. Les récits légendaires et hagiographiques qui s'y réfèrent, depuis le XVIe siècle jusqu'à nos jours, peuvent être regroupés en deux catégories en fonction de l'identité du bénéficiaire du rituel : les esprits – comme dans les religions anciennes – ou le saint musulman dont le modèle est le Prophète de l'islam.

Deux exemples, au Turkménistan et en Anatolie, peuvent illustrer le premier cas. Au cours de l'agape qui suit un sacrifice rituel (*uchukh*) de mouton, à Nohur, dans les monts Kopet Dag, au sud du Turkménistan, il est précisé aux convives qui se repaissent de la chair du capriné que les os de la bête ne doivent pas être touchés ou brisés avec les dents. En effet, le rituel étant dédié aux esprits (djinns), l'officiant, le khvâja, explique qu'une fois l'animal enterré, sa chair pourra se régénérer à partir des os et servir ensuite de repas aux esprits[95]. Une variante de ce rituel collecté chez les Yürüks d'Anatolie, au début du XXe siècle, légitime l'interdiction de la chasse au cerf. En résumé, il est question d'un chasseur de cerf qui, après avoir blessé une bête, est invité par deux personnages singuliers, un vieil homme et une jeune gardienne de cerfs, qui se révèlent être des esprits, à partager leur repas du soir, au coin du feu, en forêt. Pour honorer leur invité, la jeune femme tue et fait griller l'un de ses cerfs en prenant soin de n'égarer aucun de ses os. Mais elle perd l'une des côtes de l'animal, aussitôt remplacée par une branche de genévrier, ce qui lui permet finalement de redonner vie à la bête qui est ensuite libérée. Le lendemain matin, le chasseur ne sait plus exactement s'il a rêvé ou non ce repas insolite. Peu après, il rencontre un cerf qu'il abat. Or, la bête se révèle être celle qu'il a mangée la veille et qui a été ressuscitée, car l'une de ses côtes se trouve être en bois de genévrier. Effrayé, l'homme se promet de ne plus jamais chasser cet animal[96].

Un cas particulier concerne les milieux soufis yasavî d'Asie centrale. Le cerf y est parfois considéré comme un « esprit tutélaire » convoqué par l'initiateur de Ahmad Yasavî afin qu'il conduise ce dernier vers un « état extatique », une attitude à mettre sans doute en rapport avec la mort symbolique à laquelle s'exercent les soufis (« mourir avant de mourir » selon un hadith du Prophète de l'islam), illustrée par la mort et la résurrection du cerf[97]. D'un autre côté, apparaît la nouvelle fonction du rituel, son caractère miraculeux qui fait la sainteté et la supériorité de celui qui l'exécute, ici, Ahmad Yasavî.

La deuxième catégorie de récits, davantage intégrés à la culture de l'islam, met donc à l'avant le saint soufi. Le récit paradigmatique est probablement celui que l'on peut lire dans l'hagiographie de Hacı Bektach qui date du XVIe siècle. Il concerne la résurrection de plusieurs agneaux :

> « Il [Hacı Bektach] a demandé que l'on ne mélangeât pas les têtes et les peaux des [agneaux]. Il enferma les os de chacune des bêtes qui avaient été cuites et mangées dans leur propre peau, en ajoutant la tête et les sabots qui lui correspondaient. Puis il fit placer les peaux dans un entrepôt dont il ferma la porte. Le souverain [Hacı Bektach] fit une prière à deux prosternations, leva ses mains et lut des prières. Il se passa les mains sur le visage, puis ordonna que l'on ouvrît la porte. Entre-temps, des brebis firent leur apparition et s'immobilisèrent à l'endroit où, habituellement, leurs petits venaient téter. Dès que la porte fut ouverte, on vit que les chevreaux avaient ressuscité. Ils se ruèrent aussitôt vers les brebis pour téter. La population, témoin de ce miracle, vint baiser les mains de Hacı Bektach[98]. »

Dans une autre hagiographie soufie, le mystique Succaüdin fait abattre et manger un chevreau qui n'est autre qu'un shaykh iranien venu, sous cette forme, lui faire allégeance, puis il ressuscite l'animal qui reprend alors sa forme humaine. Succaüdin, précise l'hagiographe, a pris soin, au cours du rituel, de séparer la tête du reste du corps, et de déposer les os à l'écart[99]. Le rituel de résurrection apparaît également dans les légendes et les récits de diverses régions de l'Anatolie (Bingöl, Sivas, Malatya, Muğla). Les conditions principales du cérémonial d'origine sont préservées : aucun os du cervidé, du capriné ou du mouton mangé ne doit être perdu ou brisé[100]. Et si un os est manquant, il peut être remplacé par une branche de genévrier (mais l'animal ressuscité risque alors de boiter).

Il faut retenir des récits mentionnés ci-dessus que les principaux acteurs et destinataires de ce rituel seront les esprits ou les saints musulmans, selon que la norme de l'islam est imposée avec rigueur ou non. Les cerfs et les animaux à cornes sont les principaux vecteurs sacrificiels du rituel, mais pas d'une manière exclusive (d'autres animaux sont concernés). Aujourd'hui, en Anatolie, le principe de l'échange entre humains et animaux, entre nature et surnature, que ce rituel incarnait lorsqu'il se déroulait au bénéfice des esprits, a été oublié. Par ailleurs, les esprits ne sont plus, dans les récits turkmènes et anatoliens, les « maîtres des lieux », comme en Sibérie, et ils adoptent de plus une identité musulmane (djinn, *pari*). D'une manière générale, en Turquie, le rituel vise désormais à mettre en valeur l'action miraculeuse accomplie par un saint soufi et il confirme la supériorité de la religion musulmane représentée par ce dernier. On peut signaler ici que ce rituel de résurrection, sans référence aux ossements toutefois, inspire une danse populaire de la région de Tokat (Anatolie centrale) au cours de laquelle un danseur déguisé en cervidé et portant une ramure, imite l'animal avant d'être symboliquement abattu. Le « cerf » renaît ensuite au grand bonheur de l'assistance[101] (*figure 28*).

Fig. 28. Peinture d'une danse de la région de Tokat, Turquie.

III

Chasse qui sauve, chasse qui perd

1. La chasse et la mort, le grand passage

Dans ce domaine où la rationalité a toujours eu peu de prise, la vigueur des anciennes croyances ajoutée à quelques incertitudes théologiques a laissé de larges brèches dans la frontière entre le monde des vivants et celui des morts en Occident. Le cerf psychopompe, porteur d'âmes chez les Celtes après avoir rendu ce service à bien d'autres peuples, connaissait les passages qui mènent au monde d'en-bas aussi bien que les voies du ciel. Nombre de légendes du monde irlandais, gallois ou breton en témoignent, relatives au « prophète » *Myrddin,* le Merlin de Geoffroy de Monmouth qui avait le pouvoir de se changer en oiseau ou en cerf comme de chevaucher ce dernier en gardant sa forme humaine[1]. Lorsqu'il précipita aux enfers l'amant de sa femme dont le front se garnit dans sa chute alors des bois de l'animal qu'il avait arrachés, l'allusion au dieu cornu des Gaulois Cernunos[2], désormais diabolisé, est incontournable[3]. Merlin a mis en œuvre une « science du passage », choisissant pour lâcher la bride à la violence de sa jalousie le moment où les cornes du croissant de lune irradiaient alors qu'il avait d'abord donné son consentement et préparé un troupeau de cerfs et de daims en cadeau[4]. Au fil des textes, l'image de Merlin en homme sauvage hantant les forêts s'est transformée révélant un roi déchu vaticinant et se nourrissant d'herbes et de racines et non de viande crue comme le vrai sauvage[5].

Le *Merlin* du cycle du Graal mis en place dans les années 1220 par Chrétien de Troyes et Robert de Boron s'attachait à apprivoiser le « monde d'en-bas ». Il s'ouvrait par un conseil des démons désorientés par l'incarnation du Christ qui décida de faire naître un Antéchrist « enfant sans père », fruit d'un incube et d'une mortelle. Cette dernière, surprise dans son sommeil, tomba enceinte ; elle se confia à son confesseur Blaise (un autre saint au cerf oriental, vivant parmi les bêtes sauvages) qui obtient que la mère, jugée et menacée d'être brûlée avec l'enfant, soit innocentée ; l'enfant Merlin, de taille anormalement grande et parlant en sage au procès, en dépit de son âge, fit un exposé quasi scientifique de démonologie et collabora avec son « maître » Blaise à une heureuse issue : un Merlin apparemment sauvé qui avait trompé le diable. Il maîtrisait l'astrologie et toutes sortes de sciences énumérées « dans la ligne d'Isidore de Séville » justifiant son rôle de conseiller des rois ; mais le prophète était aussi magicien, il déplaçait les rochers et donnait au roi Uther Pendragon l'apparence du mari de la femme convoitée ; de cet adultère devait naître le roi Arthur, personnage clef de la relation au monde d'en-bas et de la « chasse sauvage ».

En même temps, la christianisation du thème de la chevauchée du cerf dans la culture populaire a pu prendre la forme de l'imitation pure et simple : les saints bretons et gallois Edern (fin IXe) et Théleau (fin V^e^) montent des cerfs dont la course doit délimiter paroisses ou abbayes ; mais la chevauchée du premier en compagnie de sa sœur épouse (Gwendolenna : la biche blanche) se termine par une brouille rappelant les démêlés de Merlin et de sa femme ; ils se réfugient sur des chênes dans certaines versions.

La chevauchée des morts a couru les forêts de l'Europe de l'Ouest depuis la nuit des temps. Elle a compté parmi les traditions populaires les plus redoutées de par l'incertitude qu'elle entretenait sur les fins dernières de l'homme[6]. Elle prenait l'apparence d'une chasse au cerf, bien que l'objet de la poursuite ait été rarement visible : un cerf noir, voire un chien noir parfois. La *Chronique anglo-saxonne* (1127) du clerc et diplomate anglo-normand, Walter Map (vers 1140-1208), ou en France Etienne de Bourbon, ont fait état de la chasse sauvage à cor et à cri. Certains traits étaient récurrents : elle rassemblait des veneurs montant de grands chevaux passeurs d'âmes[7] et des chiens, tous noirs de préférence auxquels pouvait se joindre une cohorte de paysans, de chevaliers, de soldats, et de femmes, mêlés à des clercs récemment morts reconnus par les témoins et qui les interpellaient, le tout à grand fracas. En Allemagne, directement dans l'action de chasse, du sang ou des pièces de venaison étaient tombés du ciel devant la porte de bûcherons terrifiés[8]. En Angleterre, des cortèges comprenant bagages et chariots avaient été vus. Sous le nom de « Mesnie Hellequin » ces morts mêlés aux vivants à la suite d'un « maître de la chasse » inconnu ont arpenté les forêts françaises ; cette promiscuité était familière depuis l'Antiquité. Tacite avait décrit les Harii combattants germains déguisés en spectres, et saint Augustin dans *La cité de Dieu* avait repris des récits classiques de combats d'armées fantômes en Campanie[9]. Le moine bénédictin Paul Diacre avait, de son côté, décrit des bruits d'armées de spectres dans son *Histoire des Lombards* (vers 784).

Qui était le Maître de la « Haute Chasse » ? La multiplication des termes utilisés n'est pas sans rappeler ces chemins de traverse qui contournent l'interdit du vrai nom. En Vendée, il était appelé « Le Crieur », « le Chasseur volant » dans les mondes scandinave et germanique, ou, en Île-de-France, « Le Grand Veneur », que devait rencontrer quelques siècles plus tard Henri IV en forêt de Fontainebleau. Le géant portant massue qui la conduit dans le récit du moine anglo-normand Orderic Vital (1075-1142), le premier à utiliser l'expression de « Mesnie Hellequin », ne fait pas souvent l'objet d'une représentation directe. Cette Mesnie, comme le montre A. Lombard-Jourdan, n'est pas une « menée » de chiens courants mais une « maison[10] » ; l'étude étymologique de « Hellequin », « Herlequin » dans sa forme la plus ancienne, lui permet d'établir la parenté avec le roi « Herne » ou « Herle », le cornu qui renvoie au dieu père des Gaulois, Cernunos. Le récit de W. Map (entre 1181 et 1193) en fait le roi le plus ancien des Bretons : invité au mariage d'un roi du monde souterrain (nain et chèvrepied), il repartit comblé de cadeaux : chiens, chevaux, faucons et découvrit que sa terre appartenait désormais aux Saxons : deux cents ans avaient passé et non trois jours, il était condamné avec les siens à l'errance d'une chasse « furieuse » jusqu'à la fin des temps[11]. Des récits contemporains ont assigné à un autre roi breton, Arthur, le destin de Herle ; pour Gervais de Tilbury, rédigeant à Arles au début du XIIIe siècle pour son maître Othon des *Otia imperialia* (*Divertissements pour un empereur*), Arthur était bien le roi des morts. L'inquisiteur Étienne de Bourbon rapportait, de son côté, la rencontre d'un pauvre paysan du Jura portant un fagot à la lueur de la lune, avec ce qui ressemblait à une armée comprenant des veneurs, des chiens en plein récri, ainsi que des chevaliers et des dames parés pour des divertissements qui lui dirent appartenir à la famille d'Arthur. Entraîné au palais, il avait cru s'endormir auprès d'une belle dame et s'était réveillé sur son fagot[12].

Le contrôle de la frontière entre les vivants et les morts était un des enjeux majeurs de la christianisation. Orderic Vital a mis précisément en scène la rencontre nocturne d'un prêtre avec le géant qui l'invitait à regarder le défilé des voleurs chargés des bagages de leurs larcins, des femmes « folles de leur corps », des clercs que l'on croyait modèles de vertu, des soldats ; parmi eux se trouvait son propre frère qui lui décrivit les tourments propres à chaque faute et l'encourageait à assurer le salut de son âme (le terme « *mânes* » utilisé renvoie au culte des ancêtres et à l'unité des vivants et des morts dans une même famille). Ce « Purgatoire ambulant » (l'expression est de A. Lombard-Jourdan) préfigurait la création d'un lieu fixe où les âmes seraient assignées à résidence. Sa localisation devait exciter les imaginations et se prêter à bien des débats, notamment au concile de Lyon en 1274[13]. Si Orderic Vital a effacé de son récit l'action de chasse, Étienne de Bourbon l'a mêlée à la vie de cour. Il reprenait en même temps divers textes plus anciens comme Gervais de Tilbury, le localisant notamment sous l'Etna où le roi Arthur attendait dans l'espoir de soulager une blessure inguérissable. Mais le dominicain tirait la purgation vers les tortures de l'enfer, oubliant Arthur au passage. On pouvait ainsi opposer « la chevauchée des damnés à la procession des élus » et diaboliser la Mesnie et ses âmes en peine alors que l'évêque de Paris, Guillaume d'Auvergne, hésitait encore en 1231 dans son *De universo creaturarum*[14]. Les descriptions de La *Divine comédie* de Dante, conçue dès 1290, devaient assurer au Purgatoire un succès définitif. C'est au septième cercle de l'enfer qu'étaient rassemblés les morts condamnés pour leur violence dans une fosse sanglante, gardés par « des centaures armés de leurs arcs et de flèches, comme au monde ils faisaient quand ils allaient en chasse… » Virgile et Dante n'avaient accepté de parler qu'au seul Chiron, le moins violent, qui avait éduqué Achille, Héraclès et Actéon lui-même ; il tenait d'Artémis son art de la chasse[15].

L'élaboration de la légende de saint Hubert, on l'a vu, alla dans le même sens ; le futur saint étant menacé d'une errance sans fin s'il subissait la « malemort » mit pied à terre « et cria à Dieu mercy ». La survivance de rites païens sur les lieux et la présence du cerf blanc avaient joué un rôle décisif. De nos jours encore les usages de la chasse interdisent d'attaquer le jour des morts, le 2 novembre, lendemain de la Toussaint et veille de la Saint-Hubert dans le calendrier liturgique.

Parallèlement à la christianisation, une interprétation folklorique a pu servir à dédramatiser la Mesnie Hellequin comme le fit Adam de La Halle (XIIIe siècle) dans le *Jeu de la Feuillée* en transformant la Mesnie en une aimable partie de campagne avec convocation des fées, sauf à faire porter par « Hellekin » des habits à clochettes qui ne sont pas sans rappeler les tenues des chamanes[16].

On trouve au XIXe siècle encore, sous la plume de l'auteur maçonnique F.T.B. Clavel (1798-1852) le rappel des « courses de Diane », en forme de chevauchées célestes de femmes, jusqu'à la Renaissance ; il assimilait au sabbat des sorcières cette survivance « des mystères de Diane ou d'Hécate[17] ».

2. Entre chasse malheureuse et chasse interdite en Anatolie turque

Un genre littéraire turc précis, les « contes du cerf », ainsi que des poésies et des chansons populaires, favorisent la transmission et la lecture par l'islam des croyances anciennes au sujet du cervidé. Le thème principal en est la chasse malheureuse, bien que quelques récits et légendes attribuent aussi un rôle positif au cerf dans la diffusion de l'islam et affirment que l'animal entretient un lien privilégié avec le prophète de cette religion. La passion de la chasse, la fidélité de l'être aimé et la mort sont les grandes articulations de la chasse malheureuse. L'essentiel est dit dans un bref récit collecté à Erzurum, en Turquie orientale : un jeune homme rendu fou par la chasse délaisse temporairement sa promise, prête à se marier, à la vue d'un cerf exceptionnel qu'il rêve de tuer. L'hiver a cependant raison de lui et il tombe dans un trou de rivière où il meurt gelé[18]. En général, la chasse est malheureuse parce que son issue est funeste, non seulement pour l'infortuné chasseur, mais aussi pour sa promise qui parfois le suit dans la mort, ainsi que pour sa famille et ses proches plongés dans le désespoir.

Les contes du cerf existent dans diverses versions, courtes et longues. Ils interrogent le lecteur sur le sens de la chasse, son pourquoi, la manière de chasser selon des règles qui respecteraient l'animal et le milieu, aussi bien que sur la psychologie du chasseur, sa force de caractère et le contrôle de ses émotions.

Un récit légendaire en prose et en vers, collecté au sud-est de la Turquie (Çukurova), est plus dramatique encore que celui cité ci-dessus. Un jeune chasseur vit dans une maison isolée en compagnie de sa mère. La porte d'entrée est ornée par deux grandes et imposantes ramures de cerf, l'intérieur de la maison est décoré de peaux de cervidés jaunes et rouges qui brillent comme de l'or. Or, l'une de ces peaux provient d'un jeune faon tué, comme tous les autres cerfs du reste, par le garçon de la maison. Sa mère avait pourtant vivement reproché à son fils la mort de cette jeune bête. Après ce drame, celle-ci avait même tenté, sans succès, de persuader son fils de renoncer à sa passion. Un matin, toutefois, celui-ci part à nouveau en quête de gibier. Il découvre et poursuit longtemps un cerf majestueux qui l'entraîne dans des montagnes escarpées où il glisse et se brise une jambe, restant prisonnier de l'anfractuosité d'un grand rocher. Le cerf, qui bondit de roches en roches, disparaît. Or, l'animal, qui était la mère du faon abattu par le jeune homme, s'estime ainsi vengé. Le chasseur n'a plus aucun espoir de quitter le rocher et il voit l'animal passer chaque jour devant lui. Il entonnera, peu avant de mourir, la chanson (*türkü*) qui suit.

> « Parti chasser le cerf
> Vers sa montagne l'animal m'a entraîné
> Regret, regret d'avoir chassé le cerf
> Allez, frères, moi, je reste sur le rocher. »
>
> [...]
>
> « Ils ont dressé une tente au pied du rocher
> Jouez tambour et trompette
> Donnez ma fiancée à mon frère
> Vous, allez-y, chasseurs, moi, je reste sur le rocher[19]. »

Cette chanson, aujourd'hui très populaire en Turquie, est reprise par le grand écrivain turc Yaşar Kemal (1923-2015), qui consacre, en 1967, au thème de la chasse malheureuse une fiction intitulée « Le Cerf » (dans son recueil *Trois Légendes d'Anatolie*). Cette chasse inspire aussi beaucoup d'autres poésies, souvent mises en musique et chantées :

> « Moi aussi sur les traces du cerf
> Vers la plaine du palais l'animal m'a attiré
> Que personne ne poursuive le cerf.
> Il a agité ses bois
> Dans les cieux pleurent les anges et les hommes sur la terre[20]. »

Tous les contes du cerf n'ont pas une issue aussi dramatique, le repentir permettant parfois au chasseur d'échapper à la mort.

Chez les Uyghurs, par exemple, un chasseur de cerf abandonne la chasse après avoir été attendri par une biche gravide qui lui fait songer à sa propre épouse enceinte[21]. Dans un récit kazak, l'animal, accompagné par sa progéniture, s'adresse au chasseur avec une voix humaine et lui conseille de ne pas perdre son temps à le pourchasser car des choses plus importantes l'attendent auprès de son épouse. Le cerf, doué de double vue, lui a annoncé, en fait, la naissance prochaine de son enfant[22]. Or, le don de prédiction est attribué à certains rennes domestiques par les Sibériens[23]. Chez les Yughur ou Uyghur jaune, de la Chine du Nord-Ouest (Gansu), un chasseur qui désire offrir une gazelle à sa femme enceinte se perd dans une région désertique en poursuivant cet animal. Il erre pendant dix ans avant d'être sauvé et guidé jusqu'à sa maison par un cerf qui avait été secouru par le fils auquel sa femme avait, entre-temps, donné le jour, et qu'il n'avait jamais connu[24] *(figure 29)*.

Revenons cependant à l'écrivain Yaşar Kemal dont la nouvelle *Le Cerf* fait « redécouvrir » au lecteur turc, et ce avec une langue imagée, vivante et colorée, la chasse malheureuse. La nouvelle est même adaptée au cinéma en 1969 (Erman film). Excellent observateur des traditions paysannes, l'écrivain croise le savoir oral et les légendes écrites, la croyance vivante et les anciennes hagiographies. Une éthique comparable à celle du chasseur sibérien anime son jeune héros nommé Halîl qui poursuit le cerf dans les monts du Taurus, au sud-ouest de la Turquie, et qui se souvient des conseils de sa mère : « Tu ne tireras pas sur la biche gravide, tu ne toucheras pas aux faons[25] ». Halîl sait que cette espèce de chasse est malheureuse et il a même rencontré, à plusieurs reprises, le cerf exceptionnel et mystérieux à la ramure monumentale qui annonce la mort prochaine du chasseur. La rencontre de cette bête rend fou, elle exacerbe les passions et aveugle les hommes. Halîl n'y échappe pas. À cette faiblesse des hommes s'ajoute le fait que la chasse au cerf est ancrée dans les traditions sociales et culturelles de l'Anatolie : c'est une chasse qui fait les héros. Halîl ne l'ignore pas :

Fig. 29. Cerf blanc marquant l'entrée en territoire Bouriate.

> « À cette époque, le Taurus était riche en cerfs. En ce temps, personne ne mangeait de viande de mouton ou de chèvre. On mangeait du cerf. On disait que la chasse au cerf était un péché mais on ne pouvait pas ne pas manger sa viande. Jeunes et vieux, instituteurs et religieux, grands-pères et pères, tous en mangeaient. Aussi, chaque jeune homme qui allait à la chasse devait en revenir avec un cerf sur le dos. En cas contraire, il ne trouverait pas de fille [à marier][26]. »

Halîl, comme tout chasseur, a l'espoir toutefois que sa chasse ne sera pas malheureuse, qu'il vivra, parce qu'il en respecte les règles (au moins au début), comme le chamane sibérien. Finalement, songe-t-il, certains contes n'ont pas une issue dramatique…

> « Il [Halil] a entendu beaucoup de choses sur les cerfs. Ils seraient les fils des esprits-bergères. Un jour, un chasseur qui poursuivait un cerf contourna un rocher mais perdit ses bras et ses jambes et gisait là. Vint alors une femme-esprit avec une tasse de lait de biche. "Bois, pauvre homme, dit-elle. Je ne te plains pas, toi, mais ceux que tu laisses derrière toi. Bois et ne va plus jamais chasser le cerf". L'homme but alors la tasse de lait de biche et, peu après, il retrouva ses jambes et ses bras, et [ce fut comme si] il renaissait à nouveau de sa mère. "Je me repens de la chasse au cerf", dit-il, et il jeta son fusil dans un précipice[27]. »

D'une manière générale, la chasse au cerf n'a jamais été proscrite chez les Ottomans, mais les tribus Yürük et Tahtacı qui cultivent, sous le couvert de l'islam, des formes religieuses archaïques et qui sacralisent l'animal, l'ont toujours interdite à leurs membres[28]. Pour eux, ce n'est pas un cervidé atypique qui est sacré et intouchable, mais l'espèce dans son intégralité. Un proverbe Yürük soutient en effet que « ceux qui aiment les *khvâja* [maîtres spirituels de type soufi], les religieux et même tous les hommes, ne tuent jamais le cerf ». L'animal est donc mis sur le même plan que l'humain. Et, dans l'éventualité où un cervidé est abattu par accident, sa viande est divisée entre les membres de la famille et les amis, mais le coupable n'est en rien lavé de son acte meurtrier : « tu es un criminel ! lui dit-on. C'est comme si tu avais tué un homme. Un jour, il t'arrivera malheur[29] ».

L'interdiction de la chasse au cerf chez ces groupes tribaux et parmi les soufis d'obédience bektachi est légitimée par d'autres traditions à caractère mythique. Avant tout, cet animal est considéré comme proche des hommes et de la famille du Prophète en particulier. La tendresse que lui manifeste Muhammad est souvent citée, ainsi que l'humanité dont ferait preuve cet animal. D'après les Alévis de Bulgarie, Fâtima, la fille du Prophète et épouse de l'imam 'Alî, qui jouit d'un prestige inégalé parmi ces groupes, est protégée de l'infortune par un cerf qui la conduit dans un lieu sûr en la portant sur ses bois. Fâtima, reconnaissante, aurait alors interdit aux Alévis de tuer les cerfs et de manger leur viande. Un de leurs sanctuaires en Bulgarie abrite un portrait de l'imam 'Alî placé entre deux bois de cerf[30].

D'un autre côté, les exemples d'enfants abandonnés ou perdus protégés par des cerfs et allaités par des biches sont fréquents dans les hagiographies. C'est le cas du saint Demir Baba, une grande figure alévie bulgare[31]. Enfin, les mêmes alévis de Bulgarie expliquent qu'ils ne chassent pas le cerf parce qu'ils sont assurés que ces animaux peuvent, comme les hommes, parler et pleurer. Les pleurs du cerf ou de la biche ne sont pas rares dans les gestes soufies, et c'est un fait qui est également relevé dans le christianisme[32]. La tradition turque va plus loin encore dans ce processus de rapprochement et parfois de confusion entre l'humain, l'animal et le végétal à travers l'« humanisation », puisqu'elle fait référence à des arbres qui pleurent[33]. Ce qui implique un lien intime entre l'homme et la plante. On compte effectivement de nombreux saints apparentés à des arbres et qui portent leurs noms, à l'instar des saints-au-cerf ou au-chevreuil[34].

3. La chasse du cerf blanc, figure christique, et la légitimité du pouvoir politique

Les premiers romans de Chrétien de Troyes comme *Érec et Énide* (entre 1150 et 1170), déjà vu, présentaient la prise du cerf blanc récompensée par le baiser de la plus belle demoiselle de la cour d'Arthur comme le retour à une ancienne coutume, une droite tradition, prétexte à des aventures extraordinaires, « quelque chose de ce que sera le roman picaresque plus tard[35] ». La vie de cour et la chasse, éventuellement à la biche, dans la « forêt aventureuse » formant la trame des récits aux multiples variantes. La quête et le sacrifice de l'animal d'allure « christique » (il est chassé un jour de Pâques) sont enracinés dans un fond celtique fertile en éléments magiques plus anciens que l'on retrouve dans les poèmes des lais (même postérieurs à *Érec et Énide*, comme le *Lai de Tyolet*, anonyme) où le héros, après avoir vécu enfant parmi les bêtes sauvages dont il comprenait le langage se retrouva à la cour du roi Arthur. Une belle jeune fille y promettait le mariage à celui qui ramènerait le pied du grand cerf blanc gardé par des lions et au poil tellement « luisant por qoi qu'il ne semble doré ». Tyolet tenta l'aventure de la poursuite et le fit s'arrêter en sifflant sept fois comme le lui avait appris une fée ; il lui coupa alors le pied droit à la jointure, selon l'usage des « droits » levés à la curée (avec le trophée de la tête également présent dans le cycle arthurien). Le cerf avait appelé en vain les sept lions que Tyolet occit tout en étant lui-même blessé. Retrouvé et soigné, il épousa la dame[36].

On retrouve l'épisode des lions, une version christianisée où les lions figurent les évangélistes, dans le texte clef du début du XIIIe siècle, le *Lancelot en prose* ou *Lancelot-Graal*[37].

Chrétien de Troyes raconte le retour sur un sentier forestier, au clair de lune, du chevalier qui a secouru un « vallet » qu'un ours allait dévorer. Ils virent devant eux aller un cerf plus blanc que neige portant une chaîne d'or autour du cou ; il allait accompagné de deux lions devant et derrière et flanqué de deux autres qui le gardaient aussi « chierement » qu'une mère avec ses enfants. L'apparition s'enfonça dans la forêt sans leur faire de mal. Cette grande merveille ne pouvait s'être produite que « par le commandement de dieu ou par enchantement ». L'ermite qui les accueillit après leur révéla que seul le chevalier parfait pouvait voir cette merveille « car sachez vraiment que ce n'est ni enchantement ni œuvre du diable » mais un « merveilleux miracle qui advint jadis par la volonté de notre Seigneur ». L'épisode est repris dans la *Queste de Saint Graal*, quand Perceval, Boort et Galaad aperçurent à leur tour le cerf aux lions et le suivirent dans une chapelle où se disait la messe du Saint-Esprit ; au moment de la secrète[38], le cerf se transforma en homme assis sur un siège magnifique posé sur l'autel et les lions en apôtres : aigle, homme, bœuf et lion munis d'ailes qui se tinrent aux pieds du trône. Une voix venue d'en haut leur dit : « c'est ainsi que le fils de Dieu entra en la bénite Vierge Marie qui ne perdit pas sa virginité… » L'ermite, interrogé, répondit que cette merveille jamais ne se reproduirait et que la transformation en « homme celestiel » était à l'image du rajeunissement annuel du cerf, la blancheur se rapportant à la virginité de Marie. L'identification du Christ au cerf fut reprise dans des textes postérieurs : *L'Estoire del Saint Graal* où Joseph d'Arimathie et son groupe purent passer à gué un fleuve dangereux et entrer dans la forêt de Darnantes grâce à l'animal divin. Le *Livre d'Artus* peaufine l'image montrant un cerf blanc portant une coupe sur son dos, la croix entre ses bois ornés de cierges toujours allumés[39] *(figure 30).*

Néanmoins, des versions plus tardives comme la *Suite du Merlin* réintroduisaient la thématique de la chasse et les épisodes magiques (le cerf faisant irruption au mariage d'Arthur et Guenièvre comme la biche au tribunal de Sertorius) ; la fée Morgane intervient dans le *Floriant et Florete* où le cerf est traité en objet magique et non plus en personne[40] ; il est monté par Saigremor dans le *Meliador* de Froissart (1337-1410 ?) et transporte le héros jusqu'au lac où l'attendent les nymphes au service de Diane.

Fig. 30. Cerf blanc, Canongate Edimburg.

Des chansons populaires tardives comme *Marguerite ou la blanche biche* disent le destin tragique d'une jeune fille qui se transforme en biche la nuit et que chassent les meutes des seigneurs du voisinage. Ce furent les chiens de son propre frère qui la prirent, bien qu'il ait tenté de les arrêter ; elle commente son propre banquet : « vous n'avez qu'à manger, je suis la première assise, ma tête est dans le plat… et sur les noirs charbons mes pauvres os y grillent[41] » Ce sont six biches blanches qui se sont emparé des reliques de saint Ursace rapportées d'Orient par les Templiers pour les déposer devant une fontaine qui devint un lieu de pèlerinage.

La médiation christique du cerf blanc n'épuisait cependant pas toutes les thématiques symboliques ; pour F. Dubost[42], elle cache mal la violence primitive du désir, la compétition et les enlèvements de femmes mariées, il rappelle qu'en dépit de la transfiguration le trône est toujours dit siège du cerf (et non du Christ) dans le récit ou que la médiation est assurée en fait dans le *Tyolet*, par le petit chien blanc à grelot qui suit la voie de l'animal. Les lions/gardiens ont pu être vus (dans le court article suivant) comme préfigurant les animaux-machine.

Le mélange entre traditions anciennes et exégèse chrétienne devait perdurer, entretenu par la place centrale de la chasse et de la forêt dans la vie des sociétés et *Le Livre de la chasse* de Gaston Phébus (1331-1391) en témoigne qui fut répandu dans toute l'Europe, traduit en anglais par le duc d'York puis édité en 1507, 1511 et 1525. Le prologue insistait sur la bonne morale du veneur qui n'étant jamais oisif « ne peut avoir mauvaises imaginations et, par conséquent, mauvaises œuvres… » après la chasse « il dormira bien et sainement la nuit, sans songer à faire péché. Je dis donc que les veneurs vont au paradis quand ils meurent[43] ».

4. Le cerf comme « monture » ou « enveloppe charnelle » du saint soufi

L'Anatolie et les Balkans sont les points terminaux de l'expansion des peuples turcs à l'ouest de l'Asie. Pour cette raison, entre autres, nous semble-t-il, la croyance populaire, dans ces régions, accorde moins de place aux éléments pré-islamiques, précisément zoroastriens et chamaniques, que dans les steppes et les oasis de l'Asie centrale. La vieille sacralité du cerf va donc en s'estompant dans ce nouvel habitat des Turcs, sans toutefois que le prestige de l'animal disparaisse. Sa nouvelle sacralité se décline simplement sur un mode différent et le cervidé trouve bientôt sa place en islam, principalement dans certains courants du soufisme.

Geyikli Bâbâ, personnage contemporain de la conquête de la ville de Bursa par le sultan Orhân en 1326, est la figure la plus représentative du saint-au-cerf anatolien. Ce saint est aussi l'une des personnalités soufies marquantes de son temps. Outre son nom turc de Geyikli Bâbâ (*geyik* = cerf et *bâbâ* = saint, shaykh, chef spirituel tribal), il est connu sous le nom persan de Ahûlû Bâbâ (*ahû* = cerf), ce qui revient au même. Originaire de la ville de Khoy en Azerbaïdjan, Geyikli Bâbâ est lié à la confrérie Vafâiyya (fondée au XIIIe siècle) et au mouvement des Bâbâ'î, tous deux marqués par le soufisme mais peu respectueux de la norme de l'islam. Ascète coupé du monde, Geyikli Bâbâ vit en compagnie de cerfs dans les forêts du mont Uludağ, près de Bursa. Toutefois, il sort de son isolement et participe, aux côtés du sultan Orhân, à la prise de cette ville. Il apparaît alors accompagné par plusieurs disciples, tous montés sur des cerfs, de là l'expression populaire « le cerf est la monture du saint[44] ». Geyikli Bâbâ retourne ensuite dans ses montagnes, suivi par ses nombreux disciples. Il est récompensé par le souverain qui lui offre de l'alcool et du vin dont, selon la tradition, il est amateur. Après sa mort, le sultan fait élever un mausolée au-dessus de sa sépulture. Il se trouve toujours au centre du village de Baba Sultan Köy (village de sultan Baba), non loin de Bursa.

Geyikli Bâbâ reçoit, selon la tradition hagiographique, un présent symbolique de Abdâl Mûsa, un soufi d'obédience bektachi très connu et par ailleurs son rival[45] : il s'agit d'un charbon ardent enveloppé dans un morceau de coton. À ce cadeau particulier qui témoigne qu'Abdâl Mûsa peut accomplir l'impossible, en l'occurrence associer des matières incompatibles que leur nature pousserait à se détruire, Geyikli Bâbâ répond par un présent tout aussi symbolique. Il fait parvenir à son rival un verre de lait tiré d'une biche (*âhû*) sauvage qu'il a apprivoisée ; la signification de ce geste est que le pouvoir d'agir sur les animaux l'emporte sur celui d'agir sur les objets inanimés, à savoir sur le coton, le charbon et le feu[46]. Geyikli Bâbâ serait l'inspirateur d'un groupe de derviches connu sous le nom de « Communauté (*cemaat*) de Geyikli Bâbâ Sultân », présent, au XVe siècle, dans la région de Germiyan, puis, au siècle suivant, dans d'autres parties de l'Anatolie (dans les villes d'Erzurum, de Sivas, de Konya, de Bursa et d'İnegöl[47]).

Plusieurs autres saints soufis, généralement liés à la confrérie des Bektachis, portent des noms qui révèlent leur lien avec les cervidés : Karaca Ahmed (Ahmed-le-chevreuil), Karaca Oğlan (Fils-de-chevreuil)… Certains se transforment en cerf comme Seyyid Gâzî ou Abdâl Mûsa. Beaucoup ont en commun le port d'une coiffe (*börk*) découpée dans la peau de cet animal, un symbole mis à l'avant comme signe d'appartenance à un groupe religieux. C'est le cas du mouvement dirigé par le soufi Dede Garkın, un contemporain de Hacı Bektach, parfois appelé « Grand-Père-Garkın-au-cerf-gris » (*Boz Geyikli Dede Garkın*), qui chevauche un cerf et fait porter de telles coiffes à ses disciples[48]. D'autres caractéristiques du vêtement rituel adopté par ces derviches sont relevées très tôt par des observateurs, comme la présence de deux « cornes », semblables à celles d'un bœuf, sur leur couvre-chef[49]. Cette coiffe a probablement inspiré celle portée par les premiers derviches bektachis d'Anatolie (nommée *elifî tâc*, « couronne en forme de lettre [arabe] *alif* ») et qui comporte quatre pointes de tissus effilées ressemblant à des cornes[50].

Une illustration surprenante publiée dans la relation de voyage du Français Nicolas de Nicolay (m. 1583) qui visite l'Empire ottoman au début du XVIe siècle, montre un homme enturbanné accompagné d'un cerf. Sans donner d'explications, Nicolay écrit qu'il existe des individus qui « vont par la ville demander l'aumosne menans par la main un Ours, ou un Cerf avec une clochette pendue à leur col[51] ». À la même époque, l'ambassadeur hongrois Ogier Ghiselin de Busbecq, achète un cerf à un mendiant semblable au personnage décrit par Nicolay :

> « Je l'avais acheté [le cerf] à des mendiants qui gagnaient leur vie grâce à lui. Ils parcouraient le pays, et gagnaient de l'argent en disant une prière dans laquelle le nom de Dieu était fréquemment répété ; à chaque fois qu'ils le prononçaient, ils inclinaient la tête et avaient habitué le cerf à en faire autant. Les gens du peuple, séduits par ce miracle, comme si la bête était habitée du sentiment de la divinité, leur lançaient des piécettes à qui mieux mieux[52]. »

Le prestige et la sacralité du cerf, reconnus par tout un chacun, expliquent que l'animal soit ainsi exhibé par ces religieux informels qui pourraient être des derviches errants de type qalandar. La seule présence du cervidé suffit en effet à ce qu'on prête une grande attention à leurs prières *(figure 31)*.

Fig. 31. Saint soufi en compagnie d'un cerf.

Fig. 32. Hacı Bektach (carte postale).

Fig. 33. ‘Abd al-Qâdir al-Jîlânî en compagnie d’un cerf.

Une autre représentation tardive, sans doute du XIXe siècle, peint Hacı Bektach, éponyme de l'ordre des Bektachis auquel appartiennent nombre de saints-au-cerf, tenant sous l'un de ses bras un lion, emblème de l'imâm 'Alî et sous l'autre un chevreuil. On sait l'importance du lion dans le système religieux de cet ordre soufi, importance qu'il partage donc, ici, avec un cervidé. Le prestige de ce dernier est tel qu'il se trouve également associé à des maîtres soufis appartenant à d'autres confréries, en particulier à 'Abd al-Qâdir al-Jîlânî (XIVe siècle), fondateur de la Qâdiriyya, qui est le plus ancien ordre soufi du monde musulman. Dans un dessin, qui date sans doute du XIXe siècle, ce saint arabe tient par l'encolure un cerf dont la tête est couronnée par une splendide ramure comme s'il s'agissait d'un proche compagnon[53]. Les hagiographies qui le concernent n'expliquent pas, à notre connaissance, la présence de cet animal à ses côtés *(figures 32 et 33).*

Le saint fait partie des êtres privilégiés qui peuvent traire les biches et obtenir ce lait tant recherché des chasseurs qui est supposé guérir de nombreux maux. Mêlé à la terre, il donnerait, d'après une croyance anatolienne, une substance aux propriétés thérapeutiques extraordinaires[54]. Ainsi, Seyyit 'Alî Dere, de la région d'İmralı, est-il reconnu comme un saint dès que l'on apprend qu'il trait les biches dans la montagne. Après sa mort, d'après la légende locale, les cervidés sont descendus dans son village et ont nettoyé sa tombe avec leurs sabots, puis se sont agenouillés devant celle-ci, fléchissant leurs antérieurs. Ils descendraient encore aujourd'hui pour accomplir ce rituel[55]. Il existe par ailleurs de nombreuses légendes qui font état de nouveau-nés sauvés par des biches qui les allaitent et les élèvent jusqu'à l'âge adulte. C'est le cas du bektachi bulgare Demir Baba, cité plus haut et celui d'un enfant malade auquel une biche offre son lait, après que sa mère l'a abandonné dans un tronc d'arbre creux. Ayant découvert son histoire, la tribu à laquelle l'enfant appartient décide de proscrire la viande de cerf[56].

Le récit le plus étonnant concerne deux biches, dans la région de Sarkışla, qui donnent leur lait, pendant des années, à une femme et à ses quatre enfants affamés. La femme soustrait ensuite les deux bêtes aux yeux des chasseurs en les cachant dans la grotte qu'elle habitait sur la colline du Cerf (Geyik Tepe). Cependant les chasseurs abattent finalement les deux animaux. L'endroit où s'est produit le drame devient un sanctuaire : deux grands pins, considérés comme sacrés, s'élèvent en ce lieu. Nul ne peut les couper car, dit-on, ils se sont nourris des âmes de ces cervidés et en sont les symboles[57]. Selon une autre tradition orale, un grand chasseur de cerf a définitivement abandonné son art parce que des esprits féminins (*parî*) l'ont conduit dans une grotte où l'un d'entre eux trayait une biche et lui a offert son lait. On ignore cependant si c'est la rencontre des esprits et la découverte de leurs liens avec les cervidés ou le fait de traire une biche et de boire son lait qui dissuadent le chasseur de continuer à tuer ces animaux[58].

C'est parce qu'il a su apprivoiser et gagner le respect d'un animal sauvage et principalement d'un cervidé, incarnation du sauvage par excellence, qu'un homme devient saint. Toutefois c'est aussi parce qu'il est un soufi accompli que les cerfs l'adoptent. Ainsi, Karaca Ahmet, le saint-au-chevreuil (XIVe siècle), fait-il tirer sa charrue par un bœuf et un cerf qu'il a su apprivoiser[59] *(figure 34)*. Nous nous garderons de parler d'animal domestiqué, ici, car le cerf de Karaca Ahmet demeure sauvage pour le reste des hommes[60]. D'autres traditions orales et écrites mentionnent des saints qui ont recours à des cerfs pour les labours, pour porter du bois dans la forêt ou pour récolter leur lait[61]. Le contrôle sur le sauvage ou le vivant – pour reprendre le commentaire de Geyikli Bâbâ – est supérieur au contrôle sur les choses inertes.

Comme dans le monde arabe, ainsi que nous le montrerons ci-dessous, les cervidés et les bêtes à cornes savent percevoir la sainteté et apprécient pour cette raison la compagnie des soufis. Cependant ces soufis-là appartiennent à une catégorie

Fig. 34. Cerf tirant la charrue du saint Karaca Ahmed.

à part ; ce sont des hommes sauvages, coupés du monde, isolés dans leurs montagnes ou leurs forêts. Leurs ermitages sont régulièrement visités par les bêtes sauvages. Pîr Sultân Abdâl (XVIe siècle), un saint bektachi très populaire et qui n'est pas connu pour avoir entretenu une relation particulière avec des cervidés, écrit dans une poésie : « J'ai erré quarante ans dans la montagne avec les cerfs[62] ». Le saint Hasan Baba partage aussi la vie de ces animaux sur le plus haut sommet d'Anatolie centrale, le mont Hasan Dağ (Aksaray), auquel il donne son nom[63]. Mais ces saints sauvages savent toutefois très vite se socialiser, si cela s'impose. Ainsi, Geyikli Bâbâ revient dans le monde des hommes pour faire la guerre aux côtés d'un sultan et Pîr Sultân Abdâl se lance dans une croisade en faveur des pauvres contre l'injustice des puissants.

Enfin, une autre faculté des saints soufis, et non des moindres, est celle de se transformer en animal et en cervidé en particulier. Dans certains cas mais pas de façon systématique, cette capacité fait écho à la transformation des esprits en ce même animal ou en une bête à cornes.

5. Le cerf, messager du Prophète : récits de conversion à l'islam

La gazelle ou l'antilope remplit une fonction notable dans deux récits arabes qui mettent à l'avant la mission de Muhammad et qui ont connu une diffusion importante dans l'ensemble du monde musulman, à partir du XIVe siècle[64]. Dans les récits turcs qui reprennent ces traditions, l'animal à cornes cède la place au cervidé, autre confirmation que ces animaux sont interchangeables.

Le premier récit, qui s'appuie sur un propos attribué au Prophète (hadith), apparaît sous sa forme la plus élaborée et la plus diffusée dans la très célèbre chronique historique de l'auteur arabe Tabarî (m. 923).

> « Un jour, le Prophète, qui se trouve dans le désert, entend tout à coup un appel : “Arrête-toi Ô envoyé de Dieu.” Il se rend alors à l’endroit d’où provient la voix et découvre qu’un chasseur arabe qui vient de capturer une gazelle fait un somme à côté de l’animal solidement attaché à un pieu. C’est la gazelle qui a appelé le Prophète. Elle explique alors à Muhammad qu’elle a été contrainte d’abandonner ses deux nouveau-nés dans la montagne, et que ces derniers sont trop jeunes pour se nourrir seuls. Elle lui demande donc de se porter garant pour elle auprès du chasseur et d’obtenir que ce dernier la laisse partir pour nourrir ses petits. Elle promet de revenir, cinq heures plus tard, pour se constituer prisonnière. L’Arabe est d’accord mais il ajoute que si la gazelle ne revient pas, il tuera le Prophète. Muhammad lui demande si, en cas contraire, il accepterait de se convertir à l’islam. L’Arabe y consent. L’animal est libéré et, comme promis, il revient quatre heures plus tard, donc une heure en avance et ce à la demande de ses petits, inquiets de la situation du Prophète. Ayant entendu ces propos de la gazelle, l’Arabe épouse aussitôt l’islam et libère la bête[65]. »

Plusieurs contes anatoliens inspirés par ce hadith apparaissent au XIVe-XVe siècle et constituent un genre littéraire à part appelé « épopée du cerf » (*geyik destanı*). Connues à la campagne autant qu’à la ville, ces épopées comptent parmi les premiers monuments de la littéraire populaire turque[66]. Le récit arabe est enrichi, qui plus est, car les versions ottomanes introduisent des faits nouveaux. Ainsi, sur le chemin du retour, lorsqu’elle vient se constituer prisonnière, la biche (au lieu de la gazelle arabe) tombe dans un piège tendu par des « infidèles », des chrétiens sans doute, et elle doit sa libération à l’intervention de l’ange Gabriel, dépêché par Allah[67].

Une version de ces épopées est même associée, sous forme d’annexe, à un grand poème très célèbre composé à la gloire du Prophète de l’islam par Süleymân Çelebî (XIVe-XVe siècle). Ce poème est lu, chaque année, à l’occasion de l’anniversaire de la naissance du Prophète Muhammad (*mawlid*). La traduction de ce grand poème dans de nombreuses langues du monde musulman permet à l'épopée du cerf de connaître une diffusion sans pareil, de l'Albanie à l'Asie centrale[68]. L'épopée du cerf confirme, dans ce cas, que le Prophète a accompli un miracle puisque la biche, dont il a permis la libération, revient se constituer prisonnière, et que les chasseurs chrétiens qui la retenaient et qui menaçaient Muhammad embrassent finalement l'islam[69].

Un autre récit de conversion qui n'est pas anodin puisqu'il concerne Hamza b. 'Abd al-Muttalib, l'oncle paternel de Muhammad, accorde une place essentielle au cerf. Hamza en effet n'a pas été sensible à la prédication de son neveu et ne fait pas partie des premiers convertis, mais il a toujours protégé ce dernier de ses ennemis. Or un jour, Hamza, qui est un grand chasseur, poursuit une gazelle dans les environs de La Mecque. Au moment où il s'apprête à l'abattre, celle-ci lui dit, avec une voix humaine, « Pourquoi me poursuis-tu alors qu'il se passe des événements graves dans ta maison ? ». Intrigué, Hamza retourne à La Mecque et découvre que les ennemis du Prophète ont profité de son absence pour le molester. Il intervient en sa faveur et épouse finalement l'islam, convaincu que Muhammad a miraculeusement envoyé la gazelle jusqu'à lui pour l'informer de la situation[70]. Ce conte ottoman du XIIIe ou XIVe siècle est inspiré en partie d'une tradition arabe reprise par Tabarî et d'autres auteurs, mais Hamza, dans ce texte arabe, est informé de l'agression subie par le Prophète, de retour de la chasse, par une servante et non par une gazelle[71]. L'intervention du cervidé est sans doute une innovation ottomane.

Une tradition identique à celle collectée par Tabarî, et reprise par les Ottomans, est attribuée au huitième imam des chi'ites, 'Alî ibn Mûsa Rizâ (m. 818). Celui-ci, comme son ancêtre Muhammad, se porte garant pour une malheureuse gazelle prisonnière qui obtient la liberté d'aller nourrir ses petits avant de se constituer à nouveau prisonnière. C'est la raison pour laquelle l'imam est connu sous le nom de « garant de la gazelle » (*zâmin-i ahû*[72]) et qu'il est fréquemment, dans l'iconographie chi'ite, représenté entouré par des gazelles ou des cervidés[73]. C'est probablement parce que cet imâm est très considéré chez les soufis que l'on trouve des portraits de cheikhs ou de saints accompagnés d'une gazelle ou d'un chevreuil, en particulier chez les derviches de l'ordre Khaksar, comme on peut le voir dans une mosaïque de leur couvent de Kermanshah où figure une peau de cerf comprenant la tête de l'animal et son imposante ramure[74] *(figure 35)*. De même, il existe une sébile (*kashgul*) de derviche errant portant un motif de cervidé *(figure 36)*.

6. Le miracle du cerf initiateur : récits de conversion au soufisme

La conversion d'un ou de plusieurs chrétiens à l'islam ou plus précisément à l'islam à travers le soufisme, et l'allégeance d'un musulman à un maître soufi, sont également le fait des cervidés dans plusieurs hagiographies bektachies. Le cerf y apparaît comme un initiateur ou comme un guide. Toutefois, dans ces textes, plus que la monture du saint, le cervidé incarne surtout l'une de ses enveloppes corporelles. Le saint soufi imite en quelque sorte les esprits-maîtres des anciennes religions. Le récit paradigmatique de cette métamorphose est sans doute celui que l'on lit dans l'hagiographie (*Vilâyat-nâme*, texte manuscrit du XVIe siècle) de Hacı Bektach (XIIIe siècle). Il décrit l'émerveillement d'un groupe de chasseurs chrétiens, dans le village de Beşkarış (région de Kütaya), devant les transformations en cerf, en oiseau puis en être humain de Resûl Bâbâ, un représentant de Hacı Bektach.

> « Il y avait en ce lieu un seigneur infidèle haut de cinq empans [1 m 10]. L'endroit était sous sa domination et il y fit construire une église. Un jour, avec ses gens, il partit à la chasse dans les montagnes qui s'étendaient au-dessus de la ville. Ils y découvrirent un cerf doré en train de paître et en restèrent stupéfaits car, à ce jour, ils n'avaient jamais vu un tel animal. À Beşkarış, personne n'a jamais rencontré un cervidé couleur de l'or. Le seigneur ordonna alors qu'on l'encercle et qu'on le capture vivant. Dès qu'ils s'approchèrent de l'animal, celui-ci s'enfuit et, poursuivi

Fig. 35. Mosaïque d'un couvent de la confrérie Khaksar, Kermanshah, Iran.

Fig. 36. Jeune cerf (daguet) sur une sébile de derviche, Iran, début du XXe siècle.

> par les chasseurs, parvint jusqu'au seuil de l'église [de Beşkarış]. Ces derniers virent alors l'animal qui s'ébroua et se transforma en une colombe, avant de s'envoler et de se poser au sommet de l'église. Les chasseurs étaient figés de stupeur. Enfin, l'oiseau descendit de son perchoir, s'ébroua de nouveau et prit forme humaine. L'homme s'assit devant l'église. Les témoins de ce spectacle restèrent bouche bée. Ils dirent "Beşkarış, cette personne n'est pas creuse, tâchons d'en savoir plus, d'où vient-elle et où va-t-elle ?" L'un d'eux fit un pas et demanda à l'homme : "Qui êtes-vous, vous qui avez fait ces choses étonnantes ?". Il répondit : "On m'appelle Resûl Bâbâ, je suis l'un des successeurs (*halîfe*) de Hacı Bektach qui m'a donné cette terre afin que j'élève ma demeure là où vous avez bâti votre église". Tous comprirent alors que Resûl Bâbâ était l'un des représentants de Hacı Bektach, trésor et principale source des êtres parfaits du pays de Roum. Tous vinrent lui baiser la main et lui souhaitèrent la bienvenue et les meilleurs augures. Resûl Bâbâ les invita alors à épouser l'islam et tous y consentirent[75]. »

Les faits miraculeux rapportés dans l'hagiographie de Hacı Bektach se situent, en règle générale, dans une zone géographique qui couvre la partie centrale de l'Anatolie dont la Cappadoce, l'un des berceaux, on l'a vu plus haut, de l'apparition de la légende chrétienne de saint Eustache. Le sanctuaire de Hacı Bektach se situe à proximité. Dans une région où de nombreuses églises possèdent des peintures murales qui illustrent le miracle du cerf crucifère, les analogies existant entre le récit de Resûl et celui du saint chrétien ne peuvent laisser indifférent. Dans les deux cas, on est confronté à une conversion dont l'origine est la transformation miraculeuse d'un saint musulman ou du Christ en cerf. La tradition orale attribue à Hacı Bektach une histoire similaire à celle de Resûl. Aussi n'est-il n'est pas surprenant que l'archevêque grec orthodoxe Cyril ait rapproché les deux saints dans un ouvrage publié en grec, à Constantinople, en 1815[76]. On sait par ailleurs que, jusqu'au début du XXe siècle, le tombeau de Hacı Bektach accueillait des pèlerins des deux religions.

Un second texte relatif à la transformation d'un saint soufi en cerf se trouve dans l'hagiographie de Abdâl Mûsa, autre saint d'obédience bektachie. Celui-ci rapporte qu'un jeune prince appelé Gaybî et fils du Bey d'Alanya (sud de la Turquie), blesse d'une flèche un cerf (*ahû*) qui s'enfuit et se réfugie dans le couvent (*tekke*) du shaykh soufi Abdâl Mûsa. Gaybî pénètre dans le couvent et demande aux derviches qui s'y trouvent s'ils ont vu l'animal. Ces derniers ne lui répondent pas et le conduisent auprès de leur maître Abdâl Mûsa qui lui montre sa flèche plantée dans son aisselle. Gaybî comprend aussitôt que le shaykh soufi et le cerf sont une seule et même personne ; il renonce alors à son rang de prince et devient le disciple du soufi sous le nom de Kaygusuz Abdâl[77]. Ce récit appartient aussi à la tradition orale des Alévis turcs de Bulgarie et a été collecté, en 1951, dans la région de Hasköy[78]. Par ailleurs, le portrait de Abdâl Mûsa découvrant la flèche plantée dans son aisselle a inspiré un artiste bektachi ou alévi puisque la scène est représentée sur un tableau du XIXe siècle conservé dans le musée de Hacı Bektach. De même, depuis quelques années, une immense fresque, inspirée de ce tableau, orne l'un des murs extérieurs du mausolée d'Abdâl Mûsa qui, à Elmalı, au sud-ouest de la Turquie, reçoit annuellement des milliers de pèlerins *(figures 37 et 38)*.

Un troisième texte hagiographique conte les péripéties de Hâkî, un derviche originaire d'Iran, et de ses compagnons qui se rendent en Anatolie pour faire allégeance au shaykh soufi Şücauddin. Ils se perdent cependant dans un désert. En proie à la faim, ils débusquent un cerf (*geyik*) et le capturent afin de s'en nourrir. L'animal rompt toutefois ses liens et s'échappe. Ils le poursuivent et le capturent à nouveau. Il rompt une nouvelle fois ses liens et leur échappe une deuxième fois. Lorsqu'ils le capturent encore, ils s'aperçoivent que leur chasse-poursuite les a conduits hors du désert. Ils libèrent alors le cerf qui disparaît soudainement, comme par enchantement. Ils en déduisent que quelque saint aura pris la forme de cet animal pour leur venir en aide. Une fois en Anatolie auprès de Şücauddin, celui-ci leur montre les liens qu'il a brisés lorsqu'il les avait secourus

Fig. 37. Sanctuaire de Abdal Musa, Elmalı, sud-ouest de la Turquie, 2010.

Fig. 38. Abdal Musa avec la flèche du chasseur plantée sur son côté, fresque murale fixée sur une paroi du sanctuaire de Abdal Musa, Elmalı.

et guidés dans le désert sous la forme d'un cervidé. Hâkî et ses compagnons deviennent alors ses disciples[79].

Le message de ces trois hagiographies est très simple ; les saints se sont transformés en cerf pour montrer la voie aux chercheurs de vérité et pour les conduire vers l'islam ou vers le soufisme ; ils sont des initiateurs. Ici, le « miracle » de la transformation suffit pour convaincre les chasseurs de la sainteté du personnage et, indirectement, pour assurer au cervidé un statut d'animal sacré. Certains groupes tribaux comme les Yürük, les Tahtacı ou les Çepni, et des religions syncrétiques comme le yézidisme, accordent même un statut de totem au cervidé et en interdisent formellement la chasse. Si, en dehors de ces groupes, la chasse au cerf n'est pas prohibée, son image et sa fonction métaphorique en sont cependant bouleversées. La chasse est devenue une chasse spirituelle, comme l'ont écrit les poètes bektachis et alévis, car le chasseur court derrière le cerf comme le mystique derrière un idéal métaphysique inaccessible, qu'il s'appelle Dieu (Tanrı), Allah, le Vrai ou l'Être… Et à la bête qui fuit, il ne cesse de dire qu'il n'en veut pas à sa vie.

> « Ne me fuis pas, ne t'enfuis pas, je ne suis pas un chasseur
> Ne t'enfuis pas, cerf, ne t'enfuis pas, je ne suis pas un chasseur. »
>
> (Hatâyî, XVIe siècle[80])

> « Si j'étais un chasseur, t'aurai-je poursuivi ?
> Tournant de-ci, de-là, que vois-tu sur mon visage ?
> Moi, je suis amoureux de tes yeux châtains
> Ne fuis pas, cerf, ne fuis pas, je ne suis pas un chasseur[81]. »
>
> (Abdâl Mûsa)

Dans la littérature persane et ottomane, le cerf et la gazelle en particulier sont des métaphores bien connues de la bien-aimée et de l'amour perdu ou à conquérir. Mais, chez les soufis, la bien-aimée ou le Visage, n'est autre que Dieu, et l'amour du barde mystique est tout dévoué à la fiancée, autant qu'au Vrai métaphysique. C'est ce qu'enseignent la puissante poésie et le luth magique de Aşık Veysel (m. 1973), le plus grand barde de la Turquie contemporaine :

> « Si tu étais gazelle et moi chasseur
> Je te poursuivrais dans la steppe avec mon luth
> Tout remède serait vain pour panser tes plaies
> Si je frappais et te blessais avec mes mots, toi[82]. »

Les saints soufis, dans les textes hagiographiques cités ci-dessus, adoptent généralement la forme de cerfs exceptionnels. Celui que chevauche Geyikli Bâbâ est un « cerf imposant » (*ulu geyik*) et ceux dont Abdâl Mûsa et Resûl Bâbâ prennent la forme sont des cerfs dorés. Ils sont certes singuliers et on peut penser que leur singularité rappelle les contes anciens dans lesquels le cervidé à trois pattes ou à la robe d'une étonnante blancheur était habité par un esprit. La littérature orale n'a pas rompu d'une manière définitive avec ce passé puisque l'animal atypique, étrange, y occupe encore sa place. Ainsi, dans la région de Muğla, deux Turcs rapportent qu'ils furent intrigués par une chèvre au comportement inhabituel et à l'aspect physique mystérieux : on ne distinguait pas sa tête et ses poils. Les deux hommes prirent peur et s'éloignèrent mais la chèvre les suivit. Ils se mirent alors à réciter des prières et continuèrent à s'éloigner sans tourner la tête. Puis ils regardèrent à nouveau ; la chèvre s'était arrêtée à l'endroit où ils avaient commencé à dire des prières… « À qui avons-nous eu affaire, se demandent nos deux Turcs : un esprit (djinn), un démon (*şeytân*)[83] ? »

Il importe enfin de préciser que la place du cervidé et des bêtes à cornes dans l'islam turco-persan se distingue nettement de celle qu'occupent la gazelle et l'antilope dans les régions arabes. La principale différence, comme on le verra dans le chapitre suivant, repose sur l'idée de transformation et celle de la singularité de l'animal, autant de références à des croyances et des pratiques asiatiques inconnues dans la péninsule arabique. La transformation établit un lien oublié entre l'homme et l'animal, le cervidé et la bête à cornes. Ce lien rappelle l'ancienne parenté symbolique des Turcs avec le cerf et montre que la frontière entre l'humain et l'animal est ouverte. On ne trouve rien de tel dans le monde arabe.

7. Le marabout-à-la-gazelle en Afrique du Nord

On a montré ci-dessus que l'animal à cornes, et plus précisément la gazelle, s'impose dans les traditions les plus anciennes de l'islam puisqu'un propos attribué au Prophète (hadith) la met à l'honneur. Tabarî et d'autres historiens et traditionnistes, tel que le syrien Ibn Kathîr (m. 1373) dans sa volumineuse histoire de l'islam (*al-Bidâya wa-l-nihâya),* reprennent et commentent cette tradition qui dépeint l'animal respectueux de la personne de Muhammad[84]. On découvre par exemple, dans la littérature orale marocaine, qu'une gazelle, sur le point d'être tuée par un chasseur, implore sa pitié avec une voix humaine. L'homme est tellement surpris qu'il la laisse partir[85]. Il faut toutefois répéter ici que le terme « gazelle », dans le texte d'Ibn Kathîr, est rendu dans sa traduction turque par le mot « cerf » (*geyik*). L'interchangeabilité entre le cervidé et l'animal à cornes et l'attribution des qualités du bois à la corne est immédiate et ne surprend pas, cela même si ces deux organes sont très différents l'un de l'autre (les bois tombent et se régénèrent, contrairement à la corne).

L'histoire nous enseigne que la gazelle (ou l'antilope) possède un statut d'exception dans le monde arabe et que, sous plusieurs aspects, on peut la considérer comme le pendant du cerf dans cette partie du monde musulman. Proie favorite des chasseurs, comme le cerf, sa viande est réputée pour sa grande finesse. Sa consommation est de surcroît reconnue licite par le droit musulman. Les antilopidés sont « en pays arabe, noble prise, comme le sont les cervidés en Occident[86] ». D'un autre côté, la course rapide de cet animal est à rapprocher de la résistance du cerf qui sait se forlonger, c'est-à-dire prendre une avance considérable sur les chiens qui le poursuivent. Le massif de l'Atlas, en Afrique du Nord, est la seule région du monde arabe qui abrite un petit cervidé dit cerf de Barbarie (qui a failli disparaître en 1961[87]). Les récits mythiques ont peut-être confondu ce cerf et la gazelle. On peut se demander par ailleurs si les bois de ce cerf de Barbarie ont exercé sur les Arabes la même fascination qu'ils ont eue sur les Turcs.

Sur le plan religieux et symbolique, la gazelle, comme le cerf, a la faculté de reconnaître les saints hommes, en général les soufis, et elle apprécie leur compagnie, en premier lieu lorsque ceux-ci vivent en ermites, à l'écart des humains. La littérature hagiographique confirme effectivement que, lorsque des mystiques musulmans renoncent au monde et qu'ils se retirent dans des ermitages en forêt ou dans des montagnes, dans une retraite permanente, les animaux sauvages viennent s'installer à leurs côtés. Les premières figures du soufisme en terre arabe et persane ne font pas exception, tels Abû Hafs al-Haddad (m. 878) dont une gazelle lèche la tête, ou Abû Ishâq Kâzarûnî (m. 1034) devant qui le même animal s'agenouille[88]. Il en est de même en ce qui concerne la figure emblématique du soufisme féminin, Râbi'a al-Adaviyya (IXe siècle) qui vit retirée, à Bassora, en Irak, et autour de laquelle se rassemblent chèvres sauvages et gazelles[89]. Dans le monde turc, Ömer Khalvetî (XIVe siècle), parangon de l'ascétisme radical et fondateur éponyme de la confrérie Khalvatiyya – confrérie dont le nom renvoie justement à la retraite en solitaire (*khalva*) – vit dans un arbre creux d'une montagne reculée de l'Azerbaïdjan où il s'adonne au *dhikr* (le lieu accueille toujours des pèlerins). Dans sa retraite, « les animaux et les oiseaux font cercle autour de lui et l'observent fixement comme des statues[90] ». L'ermitage d'un saint de la même confrérie, Benli (XVIIe siècle), près de Trabzon, sur les côtes de la mer Noire, est aussi fréquenté par les cerfs[91].

Au Maghreb, dès le XIIe siècle, le compagnonnage des saints et des gazelles connaît une certaine popularité avec Abû Madyân Shu'ayb, le saint patron de Tlemcen. En effet, ce principal « marabout-à-la-gazelle », qui se retire en un lieu solitaire près de Fès, y est bientôt rejoint par cet animal. Celui-ci choisit de vivre à ses côtés, car il est attiré par la spiritualité qui émane de sa personne. L'animal connaît en outre l'éthique des soufis, car il s'éloigne de Abû Madyân après avoir compris que de l'argent avait été glissé, à son insu, dans sa poche pendant qu'il présidait une assemblée[92]. La gazelle pressent en effet que l'argent est une menace pour la vie spirituelle. Qui plus est, l'un des maîtres de Abû Madyân est un solitaire retiré dans les montagnes. Appelé Abû Ya'zâ Yâlannûr, « le saint de la montagne berbère », celui-ci vit entouré de fauves dociles et d'oiseaux familiers. Abû Madyân se souvient qu'à « l'heure de la sieste, pendant la grande chaleur, venaient les bêtes de la forêt pour lui demander conseil[93] ». Ces « hommes sauvages » ne sont pas rares au Maghreb. D'après la tradition orale, l'un d'eux, Sidi Najji, est l'ancêtre de la tribu des Nouajji, dans le Tafilalt, au Maroc. Avant d'être capturé dans le désert par des chasseurs, celui-ci se comportait comme « une sorte d'ermite, vivant au milieu des gazelles, homme d'allure sauvage, portant de longs cheveux, vêtu de peaux de bête[94] ».

La figure emblématique du « marabout-à-la gazelle », non seulement en Afrique du Nord mais également dans le reste du monde arabe et jusqu'en Afrique sub-saharienne, est sans conteste Ahmad al-Tijânî (m. 1815), le fondateur de la principale confrérie soufie d'Afrique. En effet, dans une image de dévotion diffusée du Maroc à l'Égypte et jusqu'au Niger, le saint est représenté accompagné d'une gazelle ou d'une antilope *(figure 39)*. Seule la tradition orale explique la présence de cette bête auprès du personnage. Celle-ci, menacée par un faucon, également représenté sur l'image pieuse, s'est placée sous la protection du saint et devint par la suite sa fidèle compagne[95].

On connaît plusieurs cas de marabouts dont les parcours et le rapport à la gazelle, à l'antilope ou à la chèvre, varient et méritent d'être relevés. Le plus surprenant parmi ces religieux est Sidi Heddî (m. 1805), le maître éponyme de la confrérie Heddaviyya, qui d'après la légende, est volé à sa mère par des gazelles dans la forêt, alors qu'il n'est qu'un enfant. Il vivra en leur compagnie une dizaine d'années. Sidi Heddî s'impose par la suite comme le maître de ces animaux qui, à sa demande,

Fig. 39. Ahmad al-Tijânî (carte postale du début du XXe siècle).

se rassemblent autour de lui et le couvrent de caresses. Il voyage, par ailleurs, avec ses gazelles, jusqu'au Nil et au Soudan[96].

Plus intéressants sont les cas de marabouts qui présentent un début de métamorphose en gazelle, voire une transformation totale en cet animal. Ces cas sont rares et ne s'expliquent pas par une croyance ancienne précise, à l'instar du cerf anatolien. On peut retenir l'exemple du marabout Sidî 'Abdallâh Bû Jalîdât qui aurait acquis les habitudes et les capacités physiques des antilopes et des autruches, après avoir longtemps vécu auprès d'elles : « il traversait à la course les collines et les plaines avec la rapidité des antilopes et des autruches ; il franchissait les montagnes et bondissait parmi les rochers avec l'agilité des gazelles et des mouflons ». Son aspect physique lui-même se modifie et présente des spécificités d'origine animale[97]. Un cas plus surprenant encore a pour cadre la grotte Mimouna, dans le Djebel Bou Kahil, grotte habitée par des marabouts qui, selon la légende, ont la « faculté de changer de forme » et de prendre celle d'un mouflon (*fashtâl*). Pour cette raison, lorsque les Arabes qui vivent dans les environs se rendent en pèlerinage sur les tombeaux de ces saints, ils ne tirent jamais sur les moutons qui errent à proximité, de crainte de tuer un « ami de Dieu », synonyme du saint soufi. Une autre légende rapporte encore qu'un chasseur qui fit feu, dans cette même grotte, sur l'une des bêtes sacrées, éprouva aussitôt un terrible choc en retour : son fusil se brisa en cent morceaux et l'homme tomba dans un profond sommeil de trois jours. À son réveil, il trouva, à ses pieds, sa balle aplatie qui lui était revenue[98].

L'enquête anthropologique peut être complétée par une étude historique puisque l'on dispose de quelques témoignages sur des « marabouts-à-la-gazelle » qui vivent dans ces régions au XIXe et au début du XXe siècle. Si l'histoire de ces saints et leur rapport exceptionnel à des gazelles restent encore enveloppés de mystère et relèvent toujours du mode hagiographique, il n'empêche que leur histoire s'inscrit dès lors dans l'*histoire*, c'est-à-dire dans une histoire fixée par un lieu et une date, et même dans une histoire proche et bien connue puisqu'elle est marquée par la conquête française de l'Afrique du Nord. En effet, Bou-Ma'za, « le père-de-la-gazelle[99] » et frère d'un marabout, est accusé d'être l'instigateur de la révolte des Beni-Zoug-Zoug (1845) contre l'occupation française. Arrêté et interrogé par les militaires français, le frère de Bou-Ma'za déclare que ce dernier a reçu ce nom parce que les populations « l'ont vu souvent suivi d'une gazelle qui lui a été envoyée par Dieu pour l'accompagner dans ses courses[100] ».

Le Français André Cochut a recours, au milieu du XIXe siècle, à l'expression d'« homme-à-la-gazelle » pensant à Bou-Ma'za[101]. L'idée d'une « religion de la gazelle » est par ailleurs défendue par un historien de l'islam songeant à la fascination des Arabes pour cet animal gracieux et souvent sacralisé. Le même auteur estime en outre que le célèbre mystique Ibn 'Arabî (m. 1240) n'ignore sans doute pas cette religion de la gazelle puisqu'il écrit dans un poème que son cœur peut être le réceptacle de nombreuses formes : un couvent de moines chrétiens, un temple pour les idoles, une Ka'aba pour les pèlerins, les tables de la Torah, les pages du Coran et… une prairie pour les gazelles[102]. Parmi ces lieux divers de haute spiritualité chrétienne et musulmane et les pages des livres sacrés, Ibn 'Arabî a retenu la prairie où court cet animal parce que celui-ci symbolise, dans la poésie préislamique, l'aimée du poète et l'Aimé d'une manière générale, c'est-à-dire Dieu[103].

On a vu dans les chapitres précédents qu'en Anatolie et dans les Balkans des cerfs et des bêtes à cornes ne sont pas chassés parce qu'il est connu qu'ils sont ou peuvent être l'apparence corporelle d'un saint. Ils le sont surtout s'ils vivent à proximité du tombeau d'un tel personnage, bénéficiant ainsi de la sacralité du lieu. C'est également le cas au Maghreb. Ainsi, à l'ouest d'Oran, en 1852, le mausolée du marabout Sidî 'Abdullâh Berkânî, qui aurait été allaité par une gazelle, est, d'après le témoignage d'un voyageur français, fréquenté par des gazelles que les populations arabes, en vertu de ce « souvenir vénéré », considèrent comme des « animaux sacrés » qu'ils ne chassent jamais et laissent aller en nombreuses compagnies[104]. Il y a, écrit

Émile Dermenghem, « des degrés dans la vénération dont sont l'objet certains animaux aux abords des sanctuaires ». Il rappelle en outre qu'il existe des oiseaux qualifiés de marabouts parce qu'ils nichent près d'une mosquée[105]. Sont-ils pour autant des animaux singuliers à l'image des animaux-chamanes ? Nous ne le croyons pas. Cependant, l'animal-marabout et l'animal-chamane partagent une relation intime avec le sacré qui les distingue tous deux du reste de l'espèce. Cela dit, aucun interdit d'ordre général ne frappe la chasse à la gazelle dans le monde arabe, et celle-ci n'a jamais été une chasse malheureuse, sauf exception.

8. Le cerf vole au secours des rois de France

Un retour en arrière, au moment de l'émergence du pouvoir politique en Europe occidentale, à la fin du Moyen Âge, permet d'éclairer le recours par les rois de France à la sacralité protéiforme de cet animal qui défiait l'espace et le temps.

Après avoir revendiqué le rôle de modèle parmi les souverains chrétiens, Louis IX était devenu saint Louis en 1297. Philippe le Bel (roi de 1285 à 1314) avait ajouté à sa titulature : « roi très chrétien » ; un privilège exclusif confirmé par la papauté à la fin du règne de Charles VI (roi de 1380 à 1422). Les rois de France, au temps des difficultés des XIVe et XVe siècles, suivirent parallèlement la voie des légendes et des croyances populaires, le cerf occupant une place de choix. Certes la christianisation était bien avancée, les saints au cerf s'étaient substitués aux anciennes divinités et le Christ lui-même avait pu choisir la médiation de cet animal pour parler aux hommes : la démarche était légitime. La littérature courtoise avait emboîté le pas, le cycle d'Arthur reconnaissant la chasse au cerf blanc comme la plus ancienne tradition du royaume et le moteur des aventures qui suivaient. Ce choix renvoyait au geste civilisateur de Tristan dans la saga norroise[106] qui enseignait l'art de « défaire » le cerf aux veneurs bretons de la cour du roi Marc qui, ignorants du rituel de la curée, s'apprêtaient à lui trancher la tête. Charmés, ils le menèrent devant le roi et là, ses talents de joueur de harpe joints à ceux de veneur firent reconnaître sa noble origine confirmée par son père adoptif Roald parti à sa recherche.

> « Il se prépara alors à découper le cerf. Lorsqu'il eut écorché la bête, il la partagea : il coupa d'abord les parties génitales et détacha les cuissots de l'arrière-train. Puis il le vida, enleva les deux épaules, la partie du dos au milieu des filets qui est la plus charnue. Puis il retourna le cerf et lui enleva les deux flancs et toute la graisse qui se trouvait au-dedans, et sépara les pattes avant du dos. Il coupa alors le cou et sépara la tête du cou ; puis il enleva la queue avec toute la graisse des flancs. À ce moment il prépara une grande broche de bois et enleva le cœur et les rognons, le foie, les poumons et la longe. Il dit alors aux veneurs : « Voilà le cerf découpé selon la coutume de nos veneurs. Préparez la curée pour les chiens. » Mais ils ne savaient pas ce que c'était. Il prit alors les entrailles qu'il avait enlevées du cerf et les plaça sur la dépouille ; il fit venir les chiens et leur donna cette pâture à manger. Il leur dit alors : « Prenez et préparez l'offrande du poteau ; placez la tête du cerf sur le poteau et apportez cela courtoisement au roi....Ceci s'appelle apporter le don de la chasse. C'est ainsi que font les veneurs là où je suis né. »
>
> Tristan instruit des veneurs,
> La *Saga norroise,* chap. XXI

Le cycle du Graal, de son côté, liait solidement la « matière de Bretagne » à la foi catholique. Les livres d'Henri de Ferrières ou de Gaston Phébus avaient pris acte des changements, le premier résumant et allégorisant toute l'élaboration théologique autour du cerf, le second insistant sur la place qui lui revenait contre les auteurs antiques qui jugeaient sa chasse peu glorieuse : « ... si bien qu'à tout considérer, je tiens que c'est la plus noble chasse à laquelle on puisse se livrer[107] ». La codification de la violence dans le tournoi chevaleresque prit pour modèle le comportement du cerf au rut, les traités de vénerie de la Renaissance s'en faisaient toujours l'écho :

> « Ilz tiennent du naturel des hommes, car pour l'amour ilz se battent, dont il advient souvent qu'il s'en tue quelques-uns, et sont

alors si transportez qu'ilz laissent approcher les hommes d'eulx, sans montrer d'en avoir peur. Ilz tiennent leur rut communément au soir, et diriez que c'est un tournoy. Car les Biches s'assemblent à la plus belle et plus spacieuse place de la forêt. »

Le livre du roi Charles, la chasse du Cerf[108]

Un témoignage antérieur sur le rôle de la chasse et du cerf dans les rapports entre l'Église et le pouvoir royal peut se lire dans les décors du palais des papes d'Avignon : « la chambre du cerf » commandée par Clément VI (1290-1353) dans la « tour de la garde-robe » en 1342-1344, c'est-à-dire dès son élévation[109]. Le nouveau pontife, d'origine seigneuriale limousine, avait mené une double carrière, ecclésiastique depuis l'abbaye bénédictine de La Chaise-Dieu, et au service du roi de France Philippe VI de Valois (1294-1350, roi depuis 1328) qui l'avait pris au Conseil royal en 1330 et le fit chancelier en 1332. La chambre du cerf, commandée au peintre Robin de Romans (élève de Simone Martini), se trouvait dans un axe central entre le nouveau et l'ancien palais[110], l'entrée indiquant un sens du regard dans la pièce ornée de scènes de chasse reflétant la hiérarchie sociale ; celle du cerf est à l'honneur sur le mur face à l'entrée, pleine de mouvement alors que les autres sont relativement statiques. Après la chasse au piège pour les rustres, succèdent les pratiques à la pipée (appeau), au furet, au filet, au faucon et la traque du sanglier. Les peintures du plafond reprenaient les thèmes muraux avec notamment la chasse au sanglier sur les poutres. Mais, surtout, on y note la présence des armes royales de France à côté des clefs de saint Pierre et d'une représentation de la louve romaine avec les jumeaux. Image plus insolite, à côté d'un sonneur de cor, un veneur est porteur d'une massue, rappel des géants d'un passé lointain ? Une licorne figure parmi les animaux ainsi qu'une poule et ses poussins, image de l'Église. Le commentaire de Ch. de Mérindol rapproche la scène centrale de chasse au cerf de celle décrite dans *La Queste du Saint Graal,* quand Perceval coupe la tête de l'animal pour la donner au roi ; il souligne également la présence de pièces de venaison dans la liste des cadeaux offerts par Philippe VI et Jeanne de Bourgogne au pape de leur choix[111].

C'est dans ce contexte que Charles VI adopta la devise au cerf-volant dans une démarche de récupération politique, dirait-on de nos jours, analysée par Colette Beaune dans l'article cité. Les archives royales, confirmées par les chroniqueurs, ont gardé trace pour le 17 septembre 1382 de l'achat d'un lys d'or destiné à « signer » le cerf pris au filet par le roi en Compiègne, qui avait autour du cou un collier doré portant l'inscription : *Caesar hoc mihi donavit*, qu'il relâcha. La longévité prêtée par la tradition à l'animal fit que le jeune roi (quatorze ans) authentifia ce signe du ciel à l'aube de son règne et prit le cerf blanc ailé au collier d'or comme devise avec le mot « jamais[112] », en support des armes de France. L'exploitation du rêve du roi, cité dans la *Chronique* de Jean Froissart (1337-1400)[113], lorsque, en route pour les Flandres, il avait chevauché un cerf-volant à la recherche de son faucon égaré, s'inscrivait dans la continuité. Le roi était allé « lever l'oriflamme » à l'abbaye de Saint-Denis avant de partir pour les Flandres ; c'est en ces lieux que les reliques de saint Eustache avaient été transférées au XIIIe siècle et l'abbaye devait son existence même à un autre cerf, chassé au VIIe siècle par le jeune roi Dagobert qui l'avait fondée à l'endroit où la meute avait « mis bas », arrêtée devant la tombe de saint Denis ainsi retrouvée grâce à l'animal guide qui y avait trouvé refuge[114]. En même temps, Charles VI connaissait le cycle du Graal qui figurait dans la Bibliothèque royale, et Colette Beaune a retrouvé, dans les marges annotées du bibliothécaire, la mention de l'emprunt par le roi de la *Queste del saint Graal* (non rendu). Le cerf royal était bien celui du général romain converti et le lien était fait avec celui qu'il avait pris à Compiègne ; la lignée royale se fondait dans l'image de ce cerf christique, et le nouveau roi s'identifia à l'animal. De même que chaque printemps il perd ses bois et refait sa tête, plus belle encore, de même la lignée royale se renouvelle à chaque génération : « le roi est mort, vive le roi » et l'on pouvait enterrer le souverain cousu dans la peau de l'animal *(figures 40 et 41)*.

Fig. 40. Charles VI à Saint Denis.

Fig. 41. Lit de justice de Charles VII pour juger le duc d'Alençon.

Fidèle à sa mission, l'animal fut un acteur décisif de l'issue heureuse de la guerre de Cent Ans. La défaite des archers anglais au passage de la Loire, à la bataille de Patay en 1429, ouvrit au roi la route du sacre à Reims avec Jeanne ; elle avait été provoquée par un cerf qui avait révélé leur position à la cavalerie lourde française[115].

Ce type de décor devint ainsi omniprésent, dans les étendards, harnais, armes, vaisselle pour se limiter ensuite aux entrées royales ; celle de Charles VII, en 1449 à Rouen, fut égayée en sus par un grand cerf monté en automate qui s'agenouilla devant le roi qui lui rendit son salut. Lorsque le roi tint un lit de justice à Vendôme, en 1457, pour juger la trahison du duc d'Alençon, la salle était garnie de tentures portant la devise aux cerfs blancs avec leurs colliers supportant les armes de France. Le même animal, paré du collier d'or, avait déjà présidé au rapprochement diplomatique entre Charles VI et le roi d'Angleterre Richard II (1367-1400) qui avait abouti à son mariage avec Isabelle de France en 1397. Le retable du « diptyque de Wilton[116] » montre un cerf blanc couché soulignant l'origine commune des lignées royales. Florence Bourgne en a analysé les composantes politiques et symboliques[117] en le comparant à celui peint à l'occasion de son précédent mariage avec Anne de Bohème, en 1379, où le roi paraissait beaucoup plus âgé. Comme le cerf refait ses bois, le roi retrouvait la jeunesse et régénérait son action politique (il est figuré sur un autre panneau en adolescent, trônant sceptre et sphère en mains) ; au-delà, c'est au retour du Christ qu'était associé le renouveau du règne en le représentant adoubé par saint Jean Baptiste puis agenouillé devant la Vierge à l'enfant qui se penchait vers lui.

Le poète Henri Baude (1415-1490 ?), dans son éloge funéraire de Charles VII, en 1461, le décrit comme un grand vieux cerf, recru de fatigue qui, au moment de la mort, déploie ses ailes, mugit, et gratte le sol avant de disparaître[118].

L'animal vola encore au secours des Français, en Italie, lors des guerres de soutien aux Angevins, mais François Ier choisit la salamandre comme emblème ; enfin le passage du connétable de Bourbon à l'Espagne, déconsidéra pour un temps une devise que la maison royale avait en fait empruntée à cette famille. Cependant, pour être un temps plus discrète, la présence du protecteur de la monarchie française fut loin de s'effacer. Le roi Charles IX, avant-dernier Valois, qui préférait la chasse à l'amour, en mourut de fatigue au dire de son médecin Ambroise Paré, poussant l'exercice guerrier à l'extrême en poursuivant seul des jours entiers le cerf jusqu'à la victoire. Le poète Jean-Antoine de Baïf (1532-1589) célébra en ces termes ses exploits :

> « Sans lévriers, sans clabauds,
> Avoir forcé le cerf, et par monts et par vaux,
> Malmené de vous seul : montrant que la vitesse
> Ne sauve le couard quand le guerrier le presse. »

L'absence de la médiation des chiens conférait au roi le statut de héros, comparable à Héraclès, maîtrisant l'animal emblématique ; il devait dicter le traité de vénerie cité précédemment à Nicolas de Neufville[119].

On retrouve le grand cerf clairement affiché comme protecteur de la dynastie dans la grande salle du palais de la Cité à Paris, où sa statue en bois dominait de sa haute taille la galerie des effigies royales jusqu'à l'incendie de 1618, ainsi que dans le palais de Jean le Bon à Bourges, où il était associé à un géant issu du folklore local ; les traités de vénerie ont fait largement état de cette espèce en voie de disparition, mais que tout le monde connaissait comme cerf royal sous le nom de « rangier » ou « renchier ».

Un autre élément clef de l'exercice du pouvoir royal réside dans le toucher des écrouelles qui est également lié, comme l'a montré A. Lombard-Jourdan, aux qualités des cervidés. Il s'agissait bien d'un « don », non d'un miracle, transmis à l'intérieur d'une même famille. Les rois d'Angleterre l'exercèrent à ce titre, ce qui contribue à expliquer le souci répété à chaque changement de dynastie de mettre en valeur le lien de parenté qui l'unissait étroitement à la précédente[120]. La christianisation du toucher royal des écrouelles semble en effet partielle et tardive (« Dieu te guérisse, le roi te touche », accompagné d'un signe de croix), elle reposait sur la transmission du don par un hypothétique saint Marcoul[121] à l'abbaye de Corbeny (près du lieu du sacre entre Reims et Laon). Les boutons touchés par le roi au niveau du cou n'étaient pas une maladie en soi mais un symptôme de faiblesse généralisée que l'énergie vitale du prince était censée guérir. Tel le cerf, expert en connaissance des plantes, qui refaisait ses forces avec sa nouvelle tête chaque année et retrouvait sa jeunesse en mangeant le serpent tué par lui et en se débarrassant du venin après avoir bu abondamment ; les « nœuds du cou », du cerf faisaient partie des « droits levés » à l'intention du maître de la chasse (Blaise, saint au cerf, guérit les maux de gorge). Le schéma du Psaume 41 permettait d'esquiver le soupçon de pratique magique illégale de la médecine, et le venin de vipère tint une place importante dans la pharmacopée aux siècles suivants.

Mais c'est bien la christianisation du saint, aux voies étrangement semblables à celles d'Edern et de Théleau, qui est essentielle, renvoyant le roi à une ascendance divine, au dieu-cerf et aux serpents, en voisinage avec les Lusignan et la fée serpente Mélusine[122]. Un autre lien unit Mélusine aux Valois, l'arbre aux fées de Domrémy que la bergère Jeanne fréquentait comme les autres jeunes filles du village. Elle prit grand soin de déclarer à son procès que sa mission lui avait été confiée en terre cultivée, et non dans la forêt[123].

Les Bourbon ont suivi les mêmes voies, jusqu'à l'épuisement parfois, comme le Grand Dauphin, fils de Louis XV, qui en mourut ; Louis XVI chassa assidûment jusqu'en 1792. La mention « rien » portée sur son carnet à la date symbolique du 14 juillet 1789 ne témoigne pas, ainsi que l'ont pensé certains historiens, de son incapacité à prendre en compte les réalités politiques, mais renvoie au « buisson creux » qu'il fit en forêt ce jour. Peut-elle signifier autre chose que le constat de l'abandon de cette lignée royale par son animal guide ?

9. De l'usage politique et social des vertus du passeur

Comme au temps de Pline ou Isidore puis du cycle du Graal, les textes de Rabelais (1494-1553) inventant des personnages de géants directement issus de la « mythologie gallique », *Pantagruel* (1532) et *Gargantua* (1534), ont joué un rôle de relais à la Renaissance. Ils se trouvaient en bonne compagnie parmi les soutiens intellectuels de l'impérialisme des Valois. En 1511, Jean Lemaire de Belges avait présenté les Gaulois comme les descendants directs de Noé et fondateurs de Troie ; un fils d'Hector avait échappé aux Grecs et navigué vers l'Ouest où il avait à son tour fondé Paris (en souvenir du ravisseur de la Belle Hélène[124]). Le thème gallique est omniprésent dans l'œuvre de l'hébraïsant Guillaume Postel (1510-1591), qui confirme l'origine noachique des Gaulois sauvés du déluge (Gallim : les eaux en hébreu) assortie d'un droit d'aînesse par la famille de Japhet dont ne disposait pas l'empereur d'Allemagne. Il revenait à ce peuple, représenté par son roi, de rétablir le monde dans sa pureté originelle[125]. Cette mythologie parut suffisamment pertinente pour qu'un usage politique en ait été fait, Rabelais fut également au service du roi (et sous sa protection après ses condamnations par la Sorbonne) par l'intermédiaire du cardinal Jean du Bellay (1492-1560), ambassadeur à Rome. Le neveu de ce dernier, Joachim du Bellay, publia dans la même veine, à son retour de Rome en 1553, ses *Regrets* : « France mère des arts, des armes et des lois… » (1558).

Les traits du géant réactivaient dans les mémoires ceux du dieu à la tête couronnée de bois dont les légendes, depuis « l'antique temps des Druides », couraient toujours la Touraine et le Poitou, le terroir de l'enfance de Rabelais qui décrit en langage codé le comportement du cerf qui « refait sa tête », tout en s'inspirant des textes antiques et du schéma du Psaume 41 aussi bien que des us et coutumes de la chasse[126]. Le récit de la naissance de Gargantua s'ouvre par la description d'une assemblée comparable aux rendez-vous de chasse tels que l'on peut les lire dans Gaston Phébus ou Jacques du Fouilloux, compatriote de, à la date du 3 février (à la Saint-Blaise), c'est-à-dire au moment où le roi de la forêt commence à perdre ses bois. On y consomma force tripes et abats (les gaudebillaux serpentiformes qui évoquent également la curée des chiens), si bien que Gargamelle, proche d'accoucher, en tomba malade à cause du venin acide qu'ils contenaient et fit sa purgation à l'écart si violemment que l'enfant rebroussa chemin et sortit par l'oreille en « bramant à boire, à boire ». Pendant ce temps la compagnie était allée danser et s'ébattre « à la saulsaie », au bord de l'eau, les propos des « bien yvres » portant sur la nécessité de boire force vin pour faire sortir la « fausse fièvre ». Comme le cerf se libère du venin en buvant abondamment et retrouve sa jeunesse avec sa nouvelle tête, Gargamelle/biche s'est isolée pour donner naissance au Gargantua/faon qui renouvelle les générations[127]. Son comportement se calquait ensuite sur celui du faon qui se roulait dans les mares et poursuivait les papillons, il buvait au fleuve en écartant largement les bras dans la position des cervidés ; sa précoce sexualité enfin renvoyait au même grand modèle.

> « Voici donc l'animal porteur d'une forêt de symboles, tous apparentés au domaine obscur de la force vitale. Et d'abord ses bois par lesquels la nature fait signe : ses deux perches hérissées d'andouillers, façonnées de perlures, rainures, empaumures aux épois aigus, cette ramure dont le nom, la forme et la couleur semblent sortir des arbres et que chaque année élague comme du bois sec, chaque année les refait pour donner la preuve visible que tout renaît, que tout reprend vie ; par la chute et la repousse de ces os branchus qui croissent avec une rapidité végétale, la nature affirme que sa force intense n'est qu'une perpétuelle résurrection, que tout doit mourir en elle et que pourtant rien ne peut cesser. Aussi a-t-elle lié les bois du cerf à l'élan dont elle est tout entière la pérennité. La profusion de la sève qui les nourrit rejoint en lui la richesse de la semence, de sorte qu'il représente l'immémoriale vigueur fécondant la puissance d'une inlassable sexualité… »
>
> Pierre Moinet (Le Désir du cerf[128])

L'ensemble évident des allusions à Cernunos (par exemple le port des anneaux par Gargantua rappelant le torque de la noblesse gauloise) permettait d'établir une ascendance divine des rois de France, difficile à revendiquer ouvertement pour les rois « très chrétiens ». Rabelais qualifie Pantagruel, de « dernier géant », « son seigneur et maître », *id est* François Ier, qu'il a servi fidèlement[129].

Une telle transmission secrète a été rendue possible par le profond métissage culturel qui en a été à la fois le support et le théâtre dans l'ouest de l'Europe ; le clerc Rabelais a rattaché ses géants gaulois à ceux de la Bible, à Og, roi du Bashân, qui put être qualifié de « rescapé du déluge » ou « évadé[130] » et le rappel de la descendance de Noé, inventeur du vin, est dans la ligne du bien boire Rabelaisien. Ainsi la dérision de carnaval ne travaille pas à la subversion de l'ordre mais à son renouveau dans son enracinement lointain. Le calendrier liturgique du carême d'un côté, la chute des bois du cerf de l'autre se répondent comme la diabolisation de Cernunos le cornu et la revanche de Merlin qui arrache la ramure de son cerf pour en coiffer son rival expédié dans le monde d'en-bas, ce que Claude Gaignebet appelle : « l'alternance des cocus ». Il poursuit en ces termes : « Les pêches et les chasses miraculeuses, parcourues depuis des millénaires par le chamane, n'ont guère cessé d'être suivies par Merlin en cerf, Hélène en cygne, Mélusine en sirène, carnaval en cornard[131]. » Comme la virilité du jeune Gargantua était gage de renouveau, la perte de sa puissance chez l'animal empêchait la chute de ses bois, et du Fouilloux de faire le rapprochement avec les humains : « Vertu des couillons car souvent sont cause qu'il y a beaucoup d'hommes qui portent belles ramures sur la tête, laquelle ne mue et ne tombe jamais. »

On retrouve une semblable proximité avec les grands thèmes de la culture classique de la Renaissance italienne dans *Le Songe de Poliphile* de Francesco Colonna, paru chez Alde Manuce à Venise en 1499 ; parcours initiatique des « mystères d'amour » s'inspirant des *Métamorphoses* d'Ovide et d'Apulée, puis de Dante et Boccace, le texte fut adapté en français par Jean Martin et parut en 1546. On y lit l'influence de la littérature courtoise, du *Roman de la Rose* et en particulier celle du *Livre des cœurs épris* de René d'Anjou. Rabelais, à son tour, reprit Colonna dans son *Gargantua* puis dans le *Quart Livre* et les notes du *V*e[132]. François Ier fut parmi les lecteurs les plus assidus (ainsi que Dürer) et les « Triomphes » en l'honneur des « déesses amoureuses » ont pu inspirer les décors des entrées royales. Le troisième char « était tiré de six licornes consacrées à Diane, ressemblantes à cerfs par la tête… » Le suivant était un rappel des cortèges des Bacchantes nues ou vêtues de peaux de daims et faons de biches : « Il y en avait qui sonnaient de tambourins et chalumeaux, célébrant et solennisant les saintes orgies bacchanales. » Le héros au milieu des épreuves dit se sentir « plus pressé qu'oncques ne fut Actéon par ses chiens », puis redouter, après avoir contemplé la nudité de l'aimée, d'être menacé du même sort[133].

Cette fonction de passeur entre les dieux et la collectivité des hommes, garantissant l'ordre social, n'était pas réservée aux seuls rois de France et d'Angleterre : parmi les symboles de la légitimité impériale au Japon, celui du cerf blanc occupe une place de choix. Le récit légendaire du *Kami* Take-Mika-Tsuchi-No-Mikoto, descendu des montagnes dans Nara sur le dos de l'animal, confère la caution de la déesse solaire au miroir, Amaterasu, pour préparer le règne de son petit-fils dont toute la dynastie impériale allait descendre. Les nombreuses représentations, *mandalas* supports de méditation ou coffres peints, « Zushi », conservées au musée National de Nara unissent volontiers des images se référant à la fois au bouddhisme et au shintoïsme, quelle que soit la période de leur création (XIVe, XVe et XVIe siècles). On peut ainsi voir cinq représentations du Bouddha associées ou même incluses dans le cercle solaire d'Amaterasu ou un objet en forme de fleur de lotus bouddhiste, sur le dos de l'animal. Familier des montagnes comme dans la Bible, la position de celles-ci correspondant à une fonction symbolique plus qu'au paysage de Nara, le cerf se retrouve ici dans le rôle du passeur entre religions, quand bien même les rapports entretenus entre elles sont bien loin de ceux du judéo-christianisme[134]. Autre différence notable avec la dimension sacrificielle qu'il a en Occident, les cerfs sacrés de Nara ne pouvaient être chassés, et les transgressions étaient punies de mort *(figures 42 et 43)*.

Fig. 42. « *Mandala* » de cerf aux Bouddhas, École Kasuga-Kô de Nara, époque Muromachi, XVe siècle et Edo, fin XVIIe siècle.

Fig. 43. « *Mandala* » de cerf blanc (*ibid.*, p. 77).

Des récits comparables peuplent les cosmologies de sociétés plus anciennes comme celle des Wixaritari du Mexique ; le chamane y rétablit le contact avec le cerf/ancêtre dans la transe au peyotl qui ne peut plus être chassé à partir de ce moment. Les vieillards s'assimilent à l'ancêtre avec l'âge et perdent alors leur droit de chasse. La fonction de guérisseur des chamanes s'exerce dans le même cadre de la transe et en référence avec le mythe de la création du soleil qui, sorti du monde souterrain, brûla tout à la surface de la terre, répandant les maladies, jusqu'à ce que le cerf le relève de ses bois et l'éloigne dans le ciel. Dans ce cas, maladie et remède forment un tout, assignant à l'animal régnant sur un sanctuaire donné à la fois la responsabilité du mal et la clef de sa guérison. Le piégeage de l'âme du cerf constitue par exemple le premier stade de la cure des enfants atteints de formes de malnutrition, son sacrifice symbolique intervient sur le patient « métaphoriquement » dépouillé de sa peau avec les gestes de la curée[135].

10. Le chasseur qui aimait une biche

L'extrême vénération du cerf par les Yürük et les Tahtacı, en Anatolie, a des conséquences inattendues puisque, selon les enquêtes du turcologue Jean-Paul Roux, en Turquie méridionale, dans les années 1960, les membres de ces groupes soutiennent que les cerfs vivent en sociétés et qu'ils forment des tribus, à l'instar des hommes, qu'ils se marient entre eux, possèdent une loi, une organisation et qu'ils se donnent des chefs. Ce dernier serait un être surnaturel, une « créature d'Allâh, de Muhammad et d'Alî » (dont l'une des fonctions, entre autres, est de punir les hommes qui pourchassent les cerfs). Qui plus est, les communautés Yürük et cervidé seraient liées et le bonheur de l'une serait la caution de celui de l'autre[136]. Ici, la croyance selon laquelle les clans humains entretiennent des relations avec des clans animaux est clairement héritée de l'ancienne religion turco-mongole et sibérienne. La proximité entre la société des hommes et celle des cervidés est manifeste par exemple dans l'univers mythique du chamanisme toungouse où la rivière chamanique qui se manifeste dans le monde supérieur et qui se déverse ensuite dans le monde inférieur, abrite, à sa source, le réservoir des âmes des rennes et celui des âmes humaines du clan[137].

La question de la parenté symbolique des hommes avec les cervidés se pose dès les premiers mythes, en Asie septentrionale, et marque encore les hagiographies anatoliennes. Le cerf n'est pas le seul animal que les Turcs reconnaissent comme un grand ancêtre, le loup et le taureau le sont également. La généalogie de Gengis Khan revendique même une double origine car le souverain des Mongols serait le fruit du croisement d'un loup et d'une biche fauve (*qo'aï-maral*)[138]. Plusieurs mythes présentés ci-dessus enseignent que le chasseur, parfois un roi, a pu s'enticher de la biche-femme qu'il poursuivait. Sans doute, a-t-il alors obtenu d'elle une descendance. Quelques écrivains centrasiatiques et anatoliens contemporains, et pas des moindres, n'ont pas caché leur intérêt pour les origines généalogiques de leurs peuples respectifs. En témoigne le roman *Il fut un navire blanc* (1970) du Kirghiz Tchengiz Aïmatov (m. 2008) qui met en scène la « Mère-des-biche-à-la-Belle-Ramure », ancêtres des Kirghizs[139]. Quant à l'écrivain Ziya Gökalp (m. 1924), il rappelle à ses compatriotes turcs que leur ancêtre maternel est un cervidé, idée qu'il illustre dans une poésie restée célèbre et tout inspirée d'un conte du cerf[140].

Les cas d'identification entre les communautés humaine et cervidé ne sont pas rares, de même que les alliances. Ainsi, une tribu turkmène s'identifie clairement au groupe cervidé puisqu'elle se fait appeler « les Cerfs gris[141] ». Par ailleurs, selon un conte collecté dans les pamirs, à l'issue d'une longue période de chasse/guerre au cours de laquelle des hommes et des mouflons sont tués, une paix est conclue entre les deux sociétés. Pour sceller cet accord, un jeune Kirghiz prend pour compagne une femelle mouflon[142]… Dans ces deux cas, l'identification est presque totale entre les deux groupes.

En Turquie, certains Yürüks – il s'agit principalement de saints hommes, pour la plupart des soufis – ont la faculté de se transformer en cerf et ainsi de connaître de l'intérieur la société animale à laquelle ils se disent liés[143]. La double identité homme-animal n'est toutefois l'apanage que de quelques individualités, les saints en question, et non celle de tous les membres du groupe.

Il faut cependant tempérer ce rapport au sacré qui veut que l'animal protégé ne puisse être chassé et mangé, comme le soutiennent, d'une manière catégorique les Yürük et les Tahtacı. Si, à Touva, en Sibérie, l'animal singulier n'est pas tué parce qu'il est sacré, dans l'Altaï au contraire, c'est justement parce qu'il est sacré qu'on le tue[144]. Dans les deux cas, que l'animal soit épargné ou abattu, un lien est établi à travers lui avec le sacré et la Surnature qu'il représente. La chasse au cerf en Anatolie ou au mouflon dans les pamirs connaît la même contradiction. Contre les légendes qui légitiment son interdiction, d'autres légendes invoquent des cerfs qui s'offrent au chasseur pour être mangés. C'est le cas dans la région de Bolu (mer Noire) où un saint soufi obtient d'un cervidé qu'il se livre à des villageois pauvres et affamés[145]. En opposition aussi avec l'interdit de la viande de cerf, quelques auteurs affirment que cette viande a des vertus thérapeutiques. En Turquie, comme dans les pamirs, des récits rapportent que des bêtes à cornes, chèvres des montagnes et mouflons, s'offrent parfois en sacrifice aux populations. Une tradition orale collectée à Divriği (sud-est de la Turquie), en 1920, décrit une chèvre qui se rend au mausolée du saint Ahî Bâbâ pour y être sacrifiée. Sa venue est considérée comme un miracle accompli par le saint depuis l'au-delà[146]. Dans les pamirs encore, à la demande du saint Burkh (Khidhr), un mouflon se laisse capturer et sacrifier, et c'est à l'endroit où son sang est répandu et donne naissance à une source, que le tombeau du saint est érigé[147].

11. Bois et cornes : dévotion au cerf et rituels de pèlerinages

Pour une raison évidente, les bois de cerf (*boynuz* en turc, *shâkh* en persan) incarnent, dans les anciennes religions des peuples turco-mongols et en islam turco-persan, tout ce qui fait la puissance symbolique du cervidé, de même que le sont, par imitation, les cornes, pour les animaux qui en sont dotés. La faculté des bois de cerf à se régénérer renvoie en effet, chez les peuples turcs, à l'idée de longévité, de renaissance et d'immortalité, idée partagée également par les Chinois et les Japonais, pour ne citer que ceux-ci. Quoique les cornes, elles, ne se régénèrent pas, elles n'en deviennent pas moins, par analogie, un substitut des bois, comme la bête à cornes l'est du cervidé. Les cornes des caprinés ainsi que celles des bovins – également un animal-ancêtre des Turcs – sont réputées favoriser la fertilité des femmes et l'abondance dans les foyers[148].

Les bois de cerf fascinent les Mongols Darxad qui chassent cette bête à deux moments de l'année : à la fin du printemps pour ses bois encore tendres et riches en sang, et en automne, pour ses bois durs. Ils prennent en outre de grandes précautions à caractère rituel quant à la manipulation des bois qui ne doivent jamais être abîmés ou toucher terre, mais toujours reposer sur un appui élevé. Lors du dépeçage du cerf, le chasseur remercie l'esprit de la forêt qui lui a permis de tuer l'animal en s'inclinant plusieurs fois devant les bois. Ceux-ci trouvent ensuite une place à l'intérieur de son habitation en raison de leurs vertus thérapeutiques[149]. Le culte rendu au bois de rennes a été brièvement signalé par Joannis Schefferi, au XVIIe siècle, chez les Lapons de Scandinavie. Le voyageur décrit en particulier des autels dédiés à des idoles de pierre auxquels sont associés de très nombreux bois. Deux illustrations complètent sa description[150] *(figures 44 et 45)*.

Dans l'islam centrasiatique et anatolien, les bois et les cornes sont également l'objet d'une vénération exceptionnelle qui est trop souvent mal expliquée ou pas expliquée du tout par

Fig. 44. Vénération de ramures
(gravure de Joannis Schefferi).

Fig. 45. Vénération de ramures sur un autel
(gravure de Joannis Schefferi).

Fig. 46. Piédestal orné de cornes de mouflons enchevêtrées, mausolée de Afâq Khvâja, Kashgar, Xinjiang, 1930.

Fig. 47. Cornes de mouflons du Pamir accompagnées de tissus colorés, sanctuaire de Ashâb al-Kahf (Compagnons de la caverne), Turfan, Xinjiang, Chine, 2011.

les historiens ou les anthropologues. Ces derniers les analysent habituellement comme des symboles de la force sans tenir compte de ce qui fait depuis toujours leur sacralité, leur pouvoir de régénération et leur promesse d'immortalité[151]. Bois et cornes ornent habituellement les tombeaux de saints et principalement ceux des hommes-aux-cerfs ou les sanctuaires bektachis. Plus grand est le prestige du saint, plus nombreux seront les bois et les cornes. On peut citer le mausolée de Afâq Khvâja à Kashgar, au Xinjiang, qui possédait, au début du XXe siècle, devant son portail d'entrée, deux piédestaux circulaires recouverts de faïences et portant de monumentales cornes de mouflons enchevêtrées[152]. On rencontre par ailleurs, toujours au Xinjiang, des mausolées devenus inaccessibles en raison de l'accumulation des cornes qui en ferment l'entrée. Parfois, celles-ci sont alignées sur des murets qui entourent les sanctuaires[153]. Par imitation des saints tombeaux, les sépultures de tout un chacun, au Kirgizistan, au Khazakstan et au Turkménistan, reçoivent fréquemment des bois de cerfs et des cornes de béliers ou de mouflons. Le cimetière de Nohur, dans les monts Kopet Dag au Turkménistan, est un exemple saisissant de la ferveur du culte rendu à ces objets symboliques. Les pierres tombales dressées sont toutes coiffées d'une paire de longues cornes aux formes variées, parfois décorées de rubans ou de tissus colorés, certaines portant même un chapelet *(figures 46 et 47)*.

En vertu de leur caractère sacré, les bois et les cornes qui ornent les sanctuaires d'Asie centrale ont subi, au XXe siècle, les foudres des régimes réformistes, puis marxistes, en URSS et en Chine. Le retrait et la destruction des bois entraînent en effet une désacralisation rapide des lieux et le déclin des pèlerinages, ainsi qu'une réduction du pouvoir de mobilisation sociale de ces lieux. Ceux qui orchestrent les campagnes antireligieuses le savent très bien. C'est la raison pour laquelle les magnifiques piédestaux aux cornes d'*ovis polis* du mausolée de Afâq Khvâja, à Kashgar, disparaissent dans les premières années de la République populaire[154].

En Anatolie, le grand nombre de saints-aux-cerfs et l'influence des hagiographies bektachies-alévies permettent de comprendre pourquoi les sanctuaires ornés de bois et de cornes ne sont pas rares[155]. Le plus notable est celui de Geyikli Bâbâ dont la chambre funéraire est envahie par des ramures de grandeurs et de formes variées ; elles sont posées sur le sarcophage, glissées dans les niches et les alcôves de la pièce, et suspendues en grand nombre au plafond[156] *(figures 48 et 49)*. Les noms d'autres tombeaux anatoliens font directement référence à ces objets, tel celui d'un certain Şeyh İdris à Giresun, sur la mer Noire, qui est appelé le « sanctuaire à la ramure » (Boynuzlu Tekke[157]). Dans certains cas, la présence de bois de cerf sur une sépulture non identifiée communique une sacralité à celle-ci, fait du défunt un saint et suscite un pèlerinage : ce phénomène a été observé près d'İnegöl (Bursa) où le nom du nouveau saint ne laisse pas de doute sur son origine : Boynuzlu Dede, Grand-Père-à-la-ramure[158].

Le rituel de vénération exécuté à l'égard des bois et des cornes placés dans les tombeaux est rudimentaire et imite du reste les gestes d'adoration auxquels se livrent les pèlerins à l'égard des autres objets sacrés conservés dans les mausolées : caresser les bois, les toucher du front, les embrasser, etc. Au Turkménistan, il se réduit en général à quelques coups légers portés sur l'objet. Un vœu est associé au geste ; si des fragments d'os se détachent de la corne, le pèlerin sera exaucé[159]. Toutefois, le pèlerinage sur le tombeau du soufi Bahâ' al-dîn Naqshband, à Bukhara, le plus important d'Asie centrale, donnait, jusqu'à son démantèlement par les Soviétiques au début du XXe siècle, une place exceptionnelle aux cornes de mouflons et de bouquetins. Leur vénération constituait même une étape incontournable du rituel classique de circumambulation autour de la sépulture, rituel exécuté auprès de toutes les tombes de saints (sur le modèle de celui pratiqué autour de la Ka'aba à La Mecque). Les desservants du lieu rappelaient haut et fort aux pèlerins qu'ils devaient « accomplir le pèlerinage aux cornes

Fig. 48. Sanctuaire de Geyikli Bâbâ, Turquie, 2013.

Fig. 49. Sanctuaire de Geyikli Bâbâ avec le tombeau du saint, Turquie, 2013.

Fig. 50. Sanctuaire de Hacı Bektach, reconverti en musée, Anatolie, Turquie, 2015.

(*shâkh*) du vénérable [saint soufi] », cornes qui se trouvaient sur les quatre côtés du cénotaphe où repose le corps de Bahâ' al-dîn et qu'ils devaient alors baiser[160]. La formule utilisée par les desservants confirme l'identification du saint soufi aux cornes de mouflon, cela en dépit du fait que l'hagiographie de Bahâ' al-dîn ne mentionne ni cervidé, ni animal à cornes ayant joué un rôle essentiel dans sa vie spirituelle. Nous avons pu assister en 1994, trois ans après la disparition de l'URSS, aux dévotions accomplies par des pèlerins sur ce sanctuaire. La circumambulation est toujours pratiquée, mais les cornes des bêtes sacrées ne sont pas réapparues *(figure 50)*.

Selon la croyance commune, disposés sur un tombeau, les bois de cerfs et les cornes de mouflons, de chèvres ou de béliers mettent le pèlerin en contact avec l'animal sacré et le saint inhumé dans ce lieu. Ils favorisent l'intercession de ce dernier auprès de Dieu en faveur du pèlerin et de ses doléances. Toutefois, c'est surtout le pouvoir thérapeutique des bois et des cornes qui est recherché par ceux qui viennent en pèlerinage[161]. Lorsque ces mêmes objets ornent la sépulture d'un défunt quelconque, elles sont une promesse d'immortalité et de renaissance. Enfin, s'ils sont disposés dans des maisons, ils remplissent une fonction de talisman et apportent la longévité à leurs propriétaires. En Turquie, les bois de cerfs décorent souvent les façades extérieures des maisons de villages, ou les salons d'intérieur, comme à Sivas ou Safranbolu[162]. Il existe par ailleurs un cas unique de mosquée, à Hoy, en Azerbaïdjan, dont les murs extérieurs sont constitués de briques et de cornes de gazelles ou de cervidés[163].

Les Tahtacıs attribuent aux bois de cerfs un pouvoir de protection contre le mauvais œil ; ils seraient une « sorte de regard bénéfique (*nazarlık*) donné par la nature ». Aussi ceux-ci les placent-ils sur les objets qu'ils veulent protéger, tels que les berceaux des enfants. Ces mêmes Tahtacıs estiment encore que trouver de tels bois est une chance exceptionnelle et qu'il faut prendre bien soin de ne pas les briser[164].

Une qualité protectrice similaire est attribuée, en Afrique du Nord et en Afrique sub-saharienne, aux cornes d'antilopes ou de zébus, qui sont fréquemment suspendues sur les tombeaux de marabouts ou à l'entrée des mosquées. Celles-ci ne possèdent pas toutefois la richesse symbolique qu'on leur connaît dans l'espace turco-persan[165]. Une devinette collectée à Elazığ montre enfin l'admiration sans limite vouée à cet objet

> « Qu'est-ce que deux branches sur un arbre
> Dix petites branches sur chacune de ces deux branches :
> La plus belle, la plus respectable chose en ce monde,
> Le fruit de ces petites branches.
> Réponse : les bois du cerf[166]. »

Les bois de cerf enfin sont réputés guérir tous les maux, à l'instar de la mythique thériaque européenne dont Bachelard a démontré la puissance symbolique[167]. C'est ce que l'on croit, entre autres, dans la ville turque de Harput (sud-est de la Turquie)[168]. Outre cette vertu mythique, les qualités curatives des bois sont mises à l'avant depuis plus de deux millénaires en Chine et dans d'autres zones du monde, dont l'espace musulman[169]. Il n'est pas sans intérêt de relever ici que, pour les Chinois, le bois des cervidés est supposé nourrir le principe yin, c'est-à-dire tout ce qui correspond au féminin, au froid, etc[170]. On a vu ci-dessus que d'autres parties de l'animal possèdent des vertus curatives, comme sa viande ou le lait de sa femelle. Son foie et son cœur seraient les plus recherchés[171]. En définitive, émanant à l'origine des bois ou des cornes, la sacralité du cerf et des bêtes apparentées s'étend par la suite au reste de leur corps et même à leur peau puisque des derviches se sont taillé des coiffes dans celle-ci, et qu'elle est parfois utilisée dans les couvents soufis comme tapis de sol sur lequel prend place le cheikh. C'est cependant le lait de biche qui semble concentrer la sacralité du cerf, plus que les bois sans doute, mais non sans lien avec eux, parce que ce lait communique la vie et qu'il concrétise la régénération et le renouveau… en somme parce qu'il nourrit le saint.

12. Saints-esprits, saints-aux-cerfs : un culte qui perdure…

Le culte du cerf ou de son substitut à cornes n'appartient pas au passé et l'animal est aujourd'hui encore l'objet de la vénération de nombreux musulmans turcs, en Asie centrale comme en Anatolie. En Turquie, les milliers de pèlerins qui se pressent, chaque année, auprès des mausolées de ces deux célèbres saints-aux-cerfs que sont Geyikli Bâbâ et Abdâl Mûsa, en sont une preuve convaincante. Tout un chacun peut lire en outre leurs hagiographies dans des éditions populaires. La place du cerf dans la mythologie et le folklore turc passionne les étudiants et les chercheurs turcs, vu l'abondance des études scientifiques, des masters et des thèses de doctorat consacrés à ce sujet.

La tradition orale, d'un autre côté, continue de produire des récits hagiographiques qui montrent des saints soufis associés à un cervidé ou une bête à cornes, lorsqu'elle n'invente pas, tout simplement, un récit pour expliquer la présence de quelques bois ou de cornes sur une sépulture. À la fin du XXe siècle, au Turkménistan (environs de Baharden), une statue de mouflon en plâtre est élevée sur une colline proche de la station thermale d'Archman, sans doute parce que l'animal appartient à l'histoire culturelle de la région. Très rapidement ensuite, cette statue devient la destination d'un pèlerinage et la tradition orale donne vie aussitôt à une histoire sainte du lieu : la statue serait celle d'un vrai mouton pétrifié par la volonté du seul Archman Ata (Père Archman), saint inventé dont le nom est composé du toponyme et du titre de prestige *ata* « père, ancêtre[172] ». Mais il est aussi connu comme Koshkar Ata, Père-Mouflon.

Nombreux sont les musulmans qui croient, de nos jours encore, dur comme fer au miracle de la métamorphose des saints en un cervidé ou un mouflon. Le saint turc, lorsqu'il adopte la forme d'une telle bête, s'inscrit toutefois dans une histoire religieuse plus large que celle du seul islam. Il incarne clairement le lien qui lie cette religion aux cultes à esprits et au chamanisme d'Asie centrale et septentrionale. La chasse au cerf et les récits légendaires qui lui sont dédiés renforcent et approfondissent ce lien ; ils confirment l'idée que certains cervidés, singuliers, atypiques, hors du commun, sont habités par des esprits. Ils dévoilent aussi des points de convergence avec l'éthique des sociétés chasseresses de Sibérie. Certaines religions syncrétiques musulmanes, comme l'Alévisme et le Yézidisme, vont plus loin encore dans leur sacralisation de l'animal. La première estime que ses membres sont alliés des cerfs et toutes deux en interdisent catégoriquement la chasse[173].

La chasse au cerf présente, par ailleurs, tous les caractères d'une expérience initiatique : l'homme, en effet, se transforme à travers sa rencontre avec les cerfs-esprits, en particulier lorsqu'il suit la bête jusque dans son repaire, la Surnature, symbolisée principalement par une grotte (le monde sous-terrain) mais également par la forêt profonde ou la montagne inaccessible. Le chasseur fait alors l'expérience de la mort, ayant pénétré dans l'univers des défunts, suivie d'une renaissance lorsqu'il retourne dans son monde. La chute et la repousse des bois du cervidé sont la plus parfaite expression de ce voyage, preuve que le cerf n'est pas sacralisé par sa seule relation à l'esprit mais surtout parce qu'il porte les symboles de la régénération. Certes, le saint a ravi la première place à l'esprit, dans les hagiographies anatoliennes, et le cerf n'est plus, en islam, un animal-chamane ou un maître du lieu ; le chasseur est devenu le chassé, et il reconnaît dans la bête son maître spirituel. Pour la grande majorité des musulmans cependant, et c'est une vision défendue par les docteurs de cette religion, c'est l'association du cervidé avec un saint soufi, et, plus encore, la légitimation que celui-ci apporte au message du Prophète de l'islam, qui font la sacralité de l'animal. Les docteurs préfèrent de loin le cerf/gazelle, ami du Prophète, à la biche à la ramure ou à la bergère-esprit gardienne de cerfs et de mouflons.

« Qu'est-ce qu'une montagne qui vient de la montagne
Aux bois comme des branches
Qui s'incline pour boire
Et crie comme un chevreau ?

Réponse : le cerf[174] »

13. Des « Lumières » au retour à l'imaginaire symbolique au XIXe siècle

On peut légitimement s'étonner, après les transformations apparemment radicales de l'Occident chrétien passé au crible de la raison, que le cerf « mécanisé » ait pu emprunter de nouvelles voies, inventer de nouvelles ruses, pour préserver son statut. Le regard porté par l'historien ou l'anthropologue sur les croyances populaires propres à ce domaine a montré leur stabilité renvoyant dans l'ordre du passager les systèmes d'explication élaborés par les philosophes et les historiens. Néanmoins, si les bases sont demeurées inchangées, un travail d'acculturation au monde moderne puis à la modernité proprement dite a été réalisé.

Les « dénicheurs de saints » s'en étaient pris, à plus forte raison, aux animaux (Étienne de Bourbon s'était étonné déjà de la dévotion à saint Guinefort, un chien martyr[175]) qui progressivement perdirent leur statut d'intermédiaires entre dieu et les hommes ; les choix du concile de Trente, finalisés en 1563, allèrent dans ce sens, relayés par la conception cartésienne de l'animal-machine mais qui ne fut vraiment répandue qu'un siècle plus tard[176]. Le nouveau profil idéal du clerc excluait la chasse, au moins théoriquement, un peu à la façon dont les précédents interdits avaient été vécus : en 1600, Henri IV se décida à faire juger les trop nombreux clercs qui passaient à chasser le temps où ils auraient dû dire leur office. Le père jésuite Étienne Binet (1569-1639), par exemple, qui avait écrit sur la vénerie et la chasse au vol, reprenait les déclarations de Gaston Phébus sur la moralité de la chasse qui permettait d'éviter bien des écarts de conduite[177]. Si saint François de Sales porte sur la chasse au chevreuil à laquelle il a été convié un regard critique, il ne refuse pas de consommer la venaison et, surtout, utilise couramment les métaphores animales en se fondant sur les textes classiques d'Aristote à Pline. Dans *Le traité de l'amour de Dieu* (1616), il associe la chasse au cerf à la démarche spirituelle, empruntant son vocabulaire « technique » :

> « ... Les chiens les plus sages et mieux dressés tombent souvent en défaut, perdant la piste et le sentiment pour la variété des ruses dont les cerfs usent. Faisant les horvaris (hourvaris, cris des chasseurs pour remettre à la voie et assimilés au défaut lui-même), donnant le change et pratiquant mille malices pour s'échapper devant la meute, et nous perdons souvent de vue et de connaissance notre propre cœur en l'infinie diversité des mouvements par lesquels il se tourne en tant de façons et avec une si grande promptitude que l'on ne peut discerner ses “erres” (détours) ».
> (Livre sixième, chapitre I : description de la théologie mystique, qui n'est autre chose que l'oraison.)

De toute façon, la décrue symbolique fut lente et prit des formes différentes selon les domaines concernés : chasse, exégèse moralisante ou pratiques de guérison. Elle procéda par identification logique ; on trouve ainsi en 1711, sous la plume de Johann Michael Henne, une étude savante sur le reëm, ce cerf mythique mentionné dans le Talmud, que l'on pouvait rapprocher du phénix, de l'onocentaure ou de la sirène ; tous désignaient des chimères que l'on pouvait assimiler à l'oryx, au rhinocéros ou à tel autre selon l'auteur qui le citait : Oppien, Pline ou Hésychius[178]. Le *Larousse universel*, un siècle et demi plus tard, confirmait : « reëm désigne le rhinocéros dans la Bible. »

Bertrand Hell a consacré un chapitre de son livre *Le Sang noir* au culte thérapeutique de saint Hubert[179] ; il constate, au long du XVIIe et XVIIIe siècles, la permanence du rituel de la « taille » : une incision au front des enragés ou épileptiques que les moines faisaient toucher par l'étole miraculeuse. Les hubertins ayant conservé les témoignages et les constats de guérison, les registres permettent d'avancer le chiffre de seize mille entre 1680 et 1730 et ce en dépit de l'hostilité ouverte des autorités ecclésiastiques. L'occupation française, la vente de l'abbaye et la dispersion de ses biens en 1796 n'empêcha pas les pèlerinages et la taille de reprendre dix ans à peine plus tard.

La symbolique maçonnique, en formation dans le deuxième tiers du XVIIIe siècle, devait se nourrir du corpus judéo-chrétien, tout particulièrement de ses interprétations ésotérisantes. Lorsque, en 1784, un Grand Chapitre général de France fédéra l'ensemble des hauts grades pratiqués au Grand Orient de France, il adopta un grand sceau représentant une rose sur une croix plantée au milieu d'un jardin et portant l'inscription : « Pose-moi comme un sceau sur ton cœur. » ; au pied, un cerf se tient couché, fort du pouvoir d'éloigner le serpent. La référence à Cantique… 8,6 et l'ensemble des décors, arbres et animaux renvoie à une approche traditionnelle des pères grecs associée à des interprétations ésotériques synthétiques, dans le goût de *L'Encyclopédie* alors à la mode, comme celles de Duchanteau dans sa *Carte philosophique*… (1775)[180].

Après les « Lumières » peu propices en général, en dépit du contre-exemple précédent, au demi-jour des légendes forestières, le romantisme redonna des couleurs à la symbolique, réactivant les vieilles croyances ; Georg Friedrich Creuzer (1771-1858) devait publier *Symbolik und Mythologie* (1810-1812) affirmant l'universalisme de ce mode de pensée tandis que la *Mystique* de Görres (1776-1848) renvoyait à l'approche catholique où le camp de la « Réparation » post-révolutionnaire cherchait des appuis dans la religion populaire. Aux temps où les démocraties prenaient pied partout en Europe, la croyance au miracle de saint Hubert par des centaines de milliers d'hommes et de femmes et transmise de siècle en siècle avait son importance[181]. Mais la raison conquérante était à l'œuvre également, inspirant une systématisation de l'approche que l'on retrouve dans la démarche des « chanoines savants des cathédrales », qui utilisèrent l'accumulation des témoignages historiques pour légitimer l'autorité des traditions : l'Église était dépositaire de ce qui avait été cru partout, toujours et par tous[182].

L'entreprise la plus originale est venue d'un savant bénédictin de Solesmes, Jean-Baptiste Pitra (1812-1889) que Pie IX fit cardinal de Curie ; il utilisa la méthode historique pour démontrer que la symbolique utilisée par les Pères ne s'était pas transmise par copies successives depuis les auteurs antiques ou par des croyances populaires mais en observant les règles d'un code préétabli. Un texte guide signalé par Eusèbe de Césarée (265 ?-340) dans son *Histoire ecclésiastique,* la *Clef* de Méliton de Sardes, un évêque du second siècle, aurait commandé la formation et l'usage du *corpus* : le sacerdoce en détenait *ipso facto* le secret de l'interprétation légitime. Il consacra sa vie à la recherche de l'original perdu à travers des citations et des bribes éparses dans des langues anciennes rares qu'il maîtrisait avec brio ; il édita ainsi le *Physiologus* arménien et son *Spicilège* de Solesmes est riche de précieuses découvertes. Il crut avoir atteint son but par la découverte d'un écrit médiéval composite, le *codex Claromontanus* dont il donna une édition définitive en 1884 dans les *Analecta sacra spicilegio solesmensi parata*[183]. Le recueil se présentait comme un catalogue d'identifications, excluant les correspondances subtiles d'un ordre à un autre. Une vingtaine de références aux cervidés ou aux « sabots fendus » et ruminants étaient accompagnées de la citation biblique correspondante : « Cerfs, les apôtres, *cf.* Psaume (29,9) : "Clameur du Seigneur qui fait bondir les cerfs". » Le Psaume 41 était curieusement absent ; les « chasseurs » étaient dits tour à tour, les apôtres, le Christ ou le Diable. « Serpent » ne renvoyait jamais non plus au Psaume 41. La chasse était absente du *codex.* Si l'école critique, avec A. von Harnack (1851-1930) côté protestant, ou catholique avec Mgr Duchesne (1843-1922), eurent assez vite raison de « l'école légendaire[184] », l'entreprise du cardinal contribua à remettre sur le devant de la scène la question des *Bestiaires* médiévaux qui furent très largement réédités au XIXe siècle. Il avait, de son côté, mobilisé les moines de Solesmes, fort de l'appui de l'abbé, Dom Guéranger (1805-1875), comme Dom Legeay qui ébaucha un répertoire général de l'usage des symboles par les Pères avant de renoncer devant le scepticisme dominant[185]…

Néanmoins, la quête de l'universalité des symboles, fondée sur celle d'une « révélation primordiale » ou « tradition primordiale[186] » ne s'était pas limitée aux milieux ultramontains et au cercle de Solesmes ; les pères jésuites bollandistes, réputés pour la rigueur de leur travail, avaient œuvré dans cet esprit. Dès 1849, le père Charles Cahier (1807-1882) s'était opposé à Pitra et il avait l'esprit ailleurs lorsqu'il donna ses *Caractéristiques des saints dans l'art populaire*[187]. Il avait relevé des traits communs à une trentaine de saints et saintes « au cerf », visiblement copiés les uns sur les autres. Au premier rang des thèmes récurrents, la biche nourricière de saint Gilles trouvait son double chez saint Leu, évêque de Sens, saint Baudelin, évêque d'Alexandrie, saint Aoust, évêque de Bourges, saint Guntuer, abbé de Niederaltaich retiré en ermite, que le prince retrouva à l'occasion d'une chasse et dota avec générosité pour une nouvelle fondation, comme si l'intervention des cervidés était garante des qualités morales requises pour de hautes responsabilités ecclésiales[188]. Même dans des circonstances tout autres, leur présence garantit la légitimité spirituelle : cerfs, biches et faons se mêlent aux hommes autour de la tombe de saint Rieul, apôtre de Senlis. Le père Cahier put se demander, à propos des cerfs s'offrant en nourriture à tel saint le jour de sa fête, s'il ne s'agissait pas d'une allégorie sur la date d'ouverture de la chasse… d'autres ont pu protéger la vertu des dames comme sainte Catherine de Suède, tombée dans une embuscade de « seigneurs lubriques », d'où la tentation des répétitions et des confusions ; d'autres ont prophétisé : saint Julien l'hospitalier fut averti ainsi de son destin de meurtrier de ses parents.

C. Cahier a relevé nombre de doublons, à côté de saint Leu ou de saint Hubert, tel saint Mennès, double de saint Blaise. Cette vision des choses confirmait la fonction de passeur aux multiples facettes, elle s'inscrivait dans un regain d'intérêt pour le monde animal, que le succès de l'évolutionnisme dans le « camp adverse » de la science en marche rapprochait néanmoins des humains. L'enjeu de l'interprétation historique tenait

« le haut du pavé », les bestiaires et hagiographies connurent de nombreuses rééditions, pas moins de neuf dans le monde francophone pour *La Légende dorée* ; outre la *Patrologie* de l'abbé Migne, on trouve quatre éditions de Raban Maur, trois de Guillaume de Normandie par Hippeau (*Le Bestiaire divin,* 1852) ou en allemand, Gervais de Tilbury (1856), Du Fouilloux fut réédité quatre fois entre 1844 et 1864. Les dictionnaires et manuels d'archéologie s'étaient multipliés, ancrés sur les travaux des sociétés d'« antiquaires », Mgr Barbier de Montault (1830-1901)[189], Dom Cabrol et Dom Leclercq, etc.

Félicie d'Ayzac (1801-1881), dame de la Légion d'Honneur, avait donné deux articles sur le cerf dans la *Revue de l'Art chrétien*[190] ; rappelant la continuité des thèmes depuis Pline (y compris pour des recettes de guérison) et dans les bestiaires médiévaux via Isidore, elle s'était efforcée de classer les identifications au Sauveur ou aux apôtres selon les quatre sens des *Écritures*, en privilégiant le sens moral dans l'esprit du temps. Elle a commenté ainsi le bestiaire de Guillaume de Normandie à partir d'une miniature : C'est le *sarmun* (sermon) *del cerf* représentant un moine portant une longue perche enseignant comme les apôtres, chassant les démons et combattant le mal ; ce moine était une figure « allégorique » du cerf ; le texte d'accompagnement rappelait l'épisode des démons chassés d'un homme et investissant des porcs qui se jetèrent dans un lac[191]. Elle enchaînait les identifications moralisantes en assignant aux trois andouillers (ramifications des bois sur le devant de la tête) les qualités baptismales de l'adoption divine et de la pénitence (références à Épiphane et Bède le Vénérable) ; l'os du cœur s'endurcissait au rythme où s'affermissait la foi. La queue courte était signe d'humilité qui laissait voir la partie la plus disgracieuse… La vigueur au brame était figure de la fécondité de l'âme du juste et le cerf luttait pour protéger sa compagne[192]. Plus étonnantes sont les lignes consacrées à la christianisation du mythe d'Actéon par le truchement d'un auteur du XIVe siècle, Pierre de Vitry (Philippe de Vitry, 1290-1360 ?) : « Dyane c'est la déité qui régnait en la Trinité nue sans humaine nature qu'Athéon (sic) vit sans couverture » et le chasseur-Christ s'était fait cerf/esclave (*cervus/servus,* le jeu de mots sur le latin était ancien), poursuivi par la meute des juifs.

Nombre « d'érudits locaux » s'attachèrent à redonner vie à d'anciennes pratiques populaires, ainsi l'abbé Gustave Berriot, qui publia, à Reims en 1882, une plaquette sur *saint Ursace, solitaire au IVe siècle*, un Oriental dont les reliques ramenées par les Templiers furent disputées entre deux paroisses de l'Aisne. Ce furent six biches qui les mirent d'accord en les transportant jusqu'à une fontaine miraculeuse où l'on guérit depuis lors « les fièvres du corps et de l'âme[193] ».

Au bout de cette chaîne, Louis-Auguste Charbonneau-Lassay (1871-1946), membre de la Société des antiquaires de l'Ouest, devait reprendre l'inspiration « mélitonienne » dans son *Bestiaire du Christ* (1940)[194]. Il héritait notamment de la conception, très XIXe siècle, de la nécessité de cacher au peuple les vérités qu'il ne pouvait comprendre, comme pour toutes les religions à mystère la discipline de l'arcane était présente dans le christianisme et s'appliquait « aux symboles et aux emblèmes ». Sous le titre : « le cerf, emblème du Christ combattant » (chap. XXX), il procédait à une série d'identifications, mais replacées dans un contexte historique plus rigoureusement abordé que chez ses prédécesseurs.

Le thème, très marqué par la chasse et la monarchie, inspira historiens et folkloristes qui œuvrèrent en sens inverse pour une déchristianisation avec ou sans sécularisation. Henri Gaidoz avait très bien, on l'a vu, décrit les stratifications successives de la légende rattachant les pratiques de guérison à la permanence du culte de Diane/Artémis ; il rappelait que le sanctuaire de la déesse, à Rocca en Crète, était réputé pour la guérison de la rage mais ne s'expliquait pas les ressorts profonds de la permanence du pèlerinage, dont il constatait en 1885[195] la constance de la popularité et la violence passionnée qui l'environnait relevant de la superstition populaire. Néanmoins, en homme du XIXe siècle, il pensait que « la superstition était la science des âges précédents » et que les hubertins avaient hérité des vieilles croyances liées au sang. Parmi les causes de la rage chez les chiens, il citait les morceaux de venaison tombés du ciel lors de la *Wild Jagd,* la chasse sauvage, ou le fait d'avoir consommé du sang des périodes féminines.

Des historiens, tel Georges Lanoe-Villène (1863-1949), s'efforcèrent d'appliquer la méthode historique au symbolisme religieux en le subordonnant à son usage social ; il avait donné à lire, en 1916, *Principes généraux de la symbolique des religions* et consacré au cerf un chapitre de son *Livre des symboles*[196]. Le mythe d'Actéon prenait sens, selon lui, dans le contexte politico-religieux du monde grec : prêtre delphien, il aurait divulgué les mystères d'Eleusis et, réfugié au fond des bois, aurait été retrouvé par ses gardes et massacré. Un autre scénario était possible, celui de l'abandon « des directives sociales de l'ancien delphisme » au profit des cultes dionysiaques importés en Grèce par les descendants de Cadmos, d'où la vengeance des prêtres de Delphes[197]. *Les Bacchantes* d'Euripide y faisaient allusion lorsque Agavé, sortie de sa transe, demanda à Cadmos de lui révéler le lieu de la mort de Penthée : « … à l'endroit même où Actéon fut dévoré ». Sa comparaison entre les mondes hellénique, scandinave et gaulois lui permettait d'établir un sens général : le cerf figurait la religion savante, supérieure des initiés[198] comme les anachorètes dionysiens ou les druides solitaires des forêts celtiques (au cœur de notre mystique nationale) qui avaient fait « passer de l'Antiquité au christianisme les vertus secrètes qu'ils connaissaient », en dépit de l'accaparement des pouvoirs de guérison par des charlatans. Le symbole du passeur prenait ainsi une nouvelle dimension épistémologique dans la perspective des sciences occultes du XIXe siècle : chez les Scandinaves, le cerf était un « hiéroglyphe du pontife, gardien de l'ésotérisme ancien » et la biche de Sertorius une prophétesse ; rien de surprenant donc à ce que les initiés aux mystères d'Eleusis aient été revêtus de peaux de faons[199].

Du côté des peintres, le genre « animalier mondain » faisait florès[200], hommage rendu à une nature révérée et désenchantée à la fois, comme dans le tableau présenté au salon de 1884 par Jules Didier (1931-1892), où un Hubert chevelu et moustachu à la Vercingétorix contemple à genoux, lance en main, un magnifique dix-cors, la tête libre de toute croix, qui fait face à son destin. Les chiens sont arrêtés par le fouet d'un valet barbu et non par la puissance divine : « … l'œuvre aurait pu honorablement figurer dans les manuels scolaires de la Troisième République… » comme le souligne Agnès Delannoy.

La littérature romantique n'avait pas ignoré, de son côté, le thème de la chasse sauvage ; Victor Hugo bâtit une allégorie morale sur la *Légende du beau Pécopin et la belle Bauldour*[201] perdant à la fois son âme et sa belle pour s'être laissé entraîner dans la course folle après la rencontre d'un bel équipage dont le maître, le Diable en personne, avait flatté ses qualités de veneur.

14. Tel qu'en lui-même : le cerf court toujours dans ses voies

Le cerf se « courre » aujourd'hui à quelques dizaines de kilomètres de Paris, et son domaine de chasse ne recule que pas à pas face à une urbanisation qui est dite galopante ; le cercle forestier des chasses royales commande encore à l'aménagement du territoire en Île-de-France et sert de poumon à la capitale ; la profondeur de l'empreinte est entretenue par un imaginaire plus vivant que jamais. Il y a peu de temps, on voyait en sortant du bois de Vincennes, au premier feu, au métro « Château de Vincennes », un grand cerf en osier attendant à côté des automobiles que le passage au vert lui ouvre la route de la reconquête forestière jusqu'aux portes de Paris. Des files de voitures de sympathisants accompagnent et parfois entravent les chasses, alors que le sanglier ou le chevreuil n'attirent guère les foules[202]. La réaction à l'annonce d'une abolition de la chasse à courre par le secrétaire d'État auprès du ministère de l'Environnement, Alain Bombard (1924-2005), dans le premier gouvernement Maurois en 1981, fut si forte qu'il démissionna sur le champ.

Fig. 51. Auberge au cerf blanc, Edimbourg.

Les qualités de passeur s'appliquent également au temps ; H. Gaidoz avait déjà noté que les aumôniers hubertins faisaient mention, dès le XVIIIe siècle, de la « maladie de la peur » et que l'on disait « chien fou » pour un chien enragé dans certaines régions françaises comme en Grande-Bretagne et en Allemagne. Le « haut mal » de l'épilepsie fut associé très vite par le clergé au pouvoir thaumaturgique de saint Hubert, comme l'a relevé Bertrand Hell dans le *Manuel du pèlerin* de 1926, soulignant que la protection chrétienne du chasseur est liée à la « maîtrise du sauvage [203] » (*figure 51*).

Si les meutes n'entrent plus en masse dans les églises à l'occasion des centaines de messes de saint Hubert que chaque mois de novembre voit célébrer, la bénédiction des meutes exorcisant la maladie se fait à leurs portes, et l'usage veut qu'un chien tenu en laisse par un piqueur ou valet de chien assiste dans la nef à la cérémonie ; l'autel ou sa proximité immédiate est décoré par des massacres rappelant la dimension sacrificielle originelle que l'on retrouve dans les rituels de la curée, semblables à ce qu'ils étaient au Moyen Âge, les « menus droits » partant dans de petits sacs de plastique… Une curée sonnée raconte le combat livré par l'animal (identifié par sa tête pour le cerf, du daguet au dix-cors royal), ses débuchés en plaine ou le « bat l'eau » dans un étang, ses ruses, à la façon de celui d'un guerrier. La mort du cerf, « servi » à la dague, a conservé ainsi son intensité dramatique[204], renforcée par la nouvelle vision sentimentale de l'animal[205], et les nombreux incidents qui émaillent les hallalis lorsqu'il a cherché refuge auprès des hommes dans quelque jardin des bordures forestières confortent l'idée nouvelle répandue dans les sociétés urbanisées que tout animal sauvage est potentiellement un animal de compagnie. Cependant, la chasse au sanglier ou au chevreuil est bien rarement source de conflits de cette nature, alors que le chevreuil « Bambi », dans la version Walt Disney, aurait constitué le modèle parfait de la confusion. La déchristianisation des interprétations symboliques, dans certains milieux des « nouvelles religions », a pu s'appuyer sur le sanglier qui « ravage la vigne du Seigneur » du Psaume 79 pour en faire une « antithèse de l'agneau » et exalter son courage « parce qu'au lieu de fuir comme le cerf devant les chiens… il se jette même au milieu de la meute », comme on peut lire dans la revue *Hespéride*, organe de la « Renaissance celtique[206] ».

Le « roi de la forêt » occupe, néanmoins, une place de choix dans la quasi-totalité des *Encylopédies animales* ou *Dictionnaires des symboles*[207], et son image inspire nombre de films grand public : *Louis enfant roi* de Roger Planchon (1993), *Princesse Mononoké* de Hayao Miyasaki (film d'animation 1997), *Blanche Neige et le chasseur,* sans oublier des adaptations en séries télévisées comme *L'Aigle de la neuvième légion*[208]. On retrouve dans *Harry Potter* ce thème « central » d'un lien entretenu entre les mondes par la création magique d'un animal « subtil », passeur d'âmes, qui permet au jeune Harry d'établir un contact salvateur (seule connotation chrétienne) avec son père assassiné[209] ; la chasse est exclue, en revanche, de cet univers, les poursuivants sont dits « détraqueurs ». Mais les deux meilleurs exemples illustrant la permanence de l'ensemble des thèmes symboliques analysés précédemment se trouvent dans les deux films de Roger Planchon et Hayao Miyasaki. Le premier, *Louis enfant-roi* (1993), a mis en scène Louis XIV (il avait dix ans, en 1648, au début des troubles de la Fronde) en proie au doute au pire moment de l'isolement politique de la monarchie. Il évoqua alors le souvenir de son père mort en l'associant à l'animal emblème de la monarchie. L'épisode commence par un arrêt sur image : une statue du parc figurant un cerf couché sur lequel se penche un homme ; l'enfant l'interroge : « Pourquoi n'es-tu plus là pour m'aider ? » Il lui apparut ensuite en rêve sous la forme de l'animal mort, porté sur des perches, comme revenant du monde d'en-bas, puis avec son visage humain à l'agonie répondant à la supplication du fils, qui se croyait indigne de lui, de s'abreuver à la source miraculeuse en laissant les morts et en se fiant à sa seule force. Il lui tendit alors une jatte pleine du sang du cerf, l'encourageant à « arracher son cœur[210] ». L'enfant reprit aussitôt suffisamment courage pour assumer son destin de roi et s'opposer victorieusement à Condé…

Dans le second, *Princesse Mononoké* (2008), Miyasaki s'est efforcé d'exprimer, en termes d'images symboliques de portée universelle et dans un récit accessible aux oreilles occidentales, une situation propre au Japon des XIVe-XVe siècles. Le jeune guerrier Ashitaka ayant été blessé en défendant son village contre un sanglier possédé par des esprits qui ravageait la contrée consulta une chamane guérisseuse ; elle lui révéla que le mal dont il souffrait relevait d'un sortilège dont seul le dieu-cerf qui règne sur la forêt primitive pourrait le délivrer, sinon il mourrait. Ashitaka partit à sa recherche affrontant une série d'épreuves, monté sur un élan à cornes d'antilope et aux oreilles de cerf. Il combattit tour à tour la violence des sangliers, des singes et des loups qui luttaient à leur façon, c'est-à-dire sans souci de l'harmonie primordiale, contre les hommes forgerons destructeurs de la forêt[211]. Une enfant-loup, variante de l'homme sauvage, Mononoké la « reine des spectres », se rallia à lui après l'avoir longuement combattu ; de compagnie, ils poursuivirent la quête du dieu-cerf, maître de l'harmonie de la forêt et du pouvoir de faire passer de la mort à la vie. Il leur apparut bientôt, porteur d'une ramure efflorescente, intermédiaire entre le végétal et l'animal. Mais les hommes forgerons, également à sa poursuite, l'eurent bientôt rejoint à leur tour et décapité d'un coup d'arquebuse. Comme dans le cycle arthurien, sa tête devait être apportée à l'empereur mais l'animal sacrifié, en quête de son chef, avait dévasté les établissements des hommes jusqu'au moment où le chevalier Ashikata la lui eut restituée, rétablissant l'ordre universel. La « mondialisation » nécessaire des thèmes abordés par le film diluait obligatoirement les références au christianisme tout en en conservant des traits essentiels : la notion de sacrifice et le lien du cerf et de la montagne.

Les images du générique de la série télévisée *Game of Thrones* introduisent chaque épisode en présentant des écussons décorés de têtes à ramures et de cerf affronté à un dragon. L'action débute par la vue d'un animal aux entrailles répandues, massacré par un peuple sauvage, errant « de l'autre côté du mur »[212], c'est-à-dire de la frontière physique entre le monde des vivants et celui des morts. Cette image de la transgression absolue sera opposée dans un épisode suivant au dépeçage « dans les règles », à la façon de Tristan, par le chef de guerre du clan très puissant.

Fred Vargas a construit son roman policier *Dans les bois éternels*[213] autour de la légende millénaire de l'os du cœur. L'enquête se déroule autour de meurtres parallèles, dépourvus de motifs apparents, de jeunes filles réputées pour avoir gardé leur virginité et de cerfs braconnés d'étrange manière ; une conversation de « bistro » dans un village normand sur l'insulte faite à l'animal assassiné en dehors de toutes règles et dont on avait laissé sur place la ramure, le pied droit et la viande avait alerté le commissaire : le cœur seul avait été arraché.

Mis sur la piste de la magie par un confrère féru de grimoires et de textes médiévaux, il avait acquis la confiance des villageois qui lui firent les honneurs des bois du cerf en lui recommandant de les porter avec lui et de ne jamais s'en séparer. C'est finalement pour la fabrication d'un élixir de jeunesse éternelle que la « magicienne » criminelle avait prélevé l'os du cœur mélangé, entre autres ingrédients, à une mèche de cheveux prélevée dans la tombe des pucelles[214]. Dans cet exemple, le passage par la christianisation est totalement évacué.

Le cerf a pu néanmoins inspirer, en toute fin du XIXe siècle, comme de nos jours encore, une démarche artistique qui se voulait à la fois spirituelle, un manifeste de la peinture symboliste et un modèle social : *La légende de saint Hubert* peinte par Maurice Denis (1870-1943) en 1897[215] pour le bureau de Denys Cochin, un industriel cultivé, député libéral et conservateur mais aussi chasseur et chrétien représenté avec sa famille au départ de la chasse[216] *(figures 52, 53, 54)*. Les péripéties de la poursuite sont peintes dans une série de panneaux comme une invitation à la quête de Dieu, de la joie du « bien aller » avec le cerf au nez des chiens, aux doutes de l'âme quand les poursuivants « tombent en défaut » ; l'égarement est aussi évoqué dans la poursuite infernale de la Mesnie Hellequin. L'épilogue montre un cerf courbé sous le poids de la croix étincelante tandis que le cheval d'Hubert se dresse avec son cavalier et que les anges, en tenue et bottes de vénerie sonnent l'hallali du vieil homme et l'illumination d'Hubert au pied d'un grand arbre, axe du monde ; les chiens, médiation nécessaire pour suivre la voie, ont alors disparu[217].

Les cheminements du peintre et de son commanditaire étaient parallèles ; Denis gagna Rome en 1898, Cochin, de son côté, lui écrivait au cours de l'hiver 1895-1896 : « Cette tension vers un objet, cet oubli absolu des circonstances environnantes, et des obstacles, sont des sentiments qu'on éprouve à la poursuite d'une idée, comme à la poursuite d'une bête… Et alors se présente l'histoire de saint Hubert. Dans nos poursuites diverses, au moment où nous y songeons le moins…

Fig. 52. Maurice Denis, *La Légende de Saint-Hubert*, 1897, « Le Défaut » [d'un ensemble de sept panneaux], 1897, Saint-Germain-en-Laye, musée départemental Maurice-Denis.

Fig. 53. Maurice Denis, *La Légende de Saint-Hubert* : « La Chasse infernale ».

Fig. 54. Maurice Denis, *La Légende de Saint-Hubert*, 1897 « Le Miracle ».

une pensée religieuse nous arrête tout court : la croix lumineuse a paru dans les bois d'un cerf et le chasseur tombe à genoux. »

Le Psaume 41 se retrouve illustré dans les bas-reliefs du baptistère moderne de l'abbaye Saint-Maurice dans le Valais suisse (1993)[218] ; son auteure, Madeline Diener (1930-2000), en a fait la pièce centrale d'un « cantique de la création pour notre temps » illustrant dans la pierre son cheminement vers Dieu. Du bloc trilobé de la cuve du baptistère, sculpté dans le tuf de l'antique ambon encore en usage dans l'abbatiale actuelle, l'eau s'écoule par sept encoches, dons du Saint-Esprit et image de la grâce, sur un paradis terrestre remis à la portée des hommes par la Rédemption. Adam et Eve réintégrés s'y abreuvent. Un lièvre « prolifique », des oiseaux picorant la vigne voisinent avec une biche et un cerf accolés qui se désaltèrent tête bêche *(figure 55)*, renvoyant aux baptistères de Carthage et de Saint-Jean-de-Latran vus précédemment. Les commentaires écrits sur la décoration symbolique de l'abbaye confirment la volonté de l'auteure de rattacher la Révélation à un corpus symbolique immémorial, de la Mésopotamie à l'Égypte antique en passant par la Grèce et accompli dans la grâce. L'implantation d'un nouveau baptistère entrait dans le cadre d'une réhabilitation générale du monument[219], loin de tout souci d'alimentation en eau et c'est au hasard de fouilles archéologiques qu'elle put constater la présence sur le site d'une source antique dédiée aux nymphes[220]. Le thème central de l'eau se prolonge dans les mosaïques murales qui entourent la cuve baptismale comme un commentaire visuel : une « fontaine de vie » s'écoule à la façon de l'eau et du sang sortis du flanc percé du crucifié dont les petits poissons, figures des fidèles remontent le courant à la suite du poisson divin, l'*Ixthus,* elle répond à l'inversion du sens de l'écoulement des eaux du baptistère vers le paradis terrestre et non hors de lui. On peut voir ensuite un Christ assis sur la margelle du puits de Jacob renvoyant à la cuve octogonale sur laquelle repose le bloc de pierre du baptistère.

Fig. 55. Bas-reliefs de Madeline Diener, baptistère moderne de l'abbaye Saint-Maurice, Valais, 1982.

Sur les franges des théories conspirationnistes contemporaines, une polémique soulevée aux États-Unis à propos de la mort du juge de la Cour suprême Scalia, le 13 février 2016 au Cibolo Creek Ranch (Texas), a curieusement croisé notre sujet. Un article du *Washington Post* a relevé que ce ranch abritait les rencontres (chapitres) d'un « ordre de Saint-Hubert », organisation internationale de chasseurs, qualifiée de « dissimulée » (*secretive Society)* et destinée à conserver l'éthique et la pratique de la chasse traditionnelle. L'association était l'héritière authentique d'un ordre chevaleresque fondé en Autriche en 1695, elle joignait rituel et hiérarchie au port d'une tenue (une photo du juge Scalia en robe noire figure dans le site du journal). Le site de l'ordre affirme que Sa Majesté Juan Carlos d'Espagne en est le protecteur, le passé Grand Maître est l'archiduc Andreas d'Autriche et le Grand Maître en exercice Étienne de Habsbourg-Lorraine, prieur et chevaliers viennent ensuite[221]. L'article s'étonnait de la rapidité avec laquelle la mort du juge avait été déclarée naturelle, coupant court à une enquête du FBI.

Les arts décoratifs empruntent volontiers au corpus traditionnel, telle cette affiche canadienne associant la ramure à l'oiseau (*figure 56*), mais l'engouement pour le tatouage animalier, cet « art du corps » qui rapproche justement l'homme de son voisin dans l'ordre du vivant, témoigne tout particulièrement de la pérennité des sens symboliques. Des dizaines de sites Internet présentent en les légendant les dessins de cervidés ornant bras, jambes, torses ou dos ; certains commentaires constituent de véritables cours d'histoire des religions[222]. L'association des ramures au végétal est fréquente dans le graphisme, et les gloses qui les rapprochent de l'arbre de vie, parfois portant des oiseaux ; le tatouage est alors protecteur de la vie, d'un amour quand cerf et biche sont unis, assimilable à un talisman. Les rappels historiques foisonnent : du renvoi à la vénération au Paléolithique, dans l'Égypte ancienne ou chez les Amérindiens jusqu'au dieu cornu des Gaulois diabolisé par le christianisme[223].

Fig. 56. Tête de cerf à ramure-oiseau, dessin de Louise et Pierre Charrier.

Fig. 57. Dessin à partir d'une photographie d'un tatouage de ramure.

La perte des bois et leur repousse sont assimilées à la mort et à la résurrection du Christ et le cerf chassé et tué à la victime divine, c'est-à-dire au dieu incarné. Un exemple remarquable se trouve dans le catalogue d'un studio de Biarritz : une tête de cerf dix cors entourée de feuilles d'acanthe (?) porte entre ses bois le triangle trinitaire rayonnant avec l'œil de Dieu en son centre, symbole repris par la franc-maçonnerie ; ce grand tatouage couvre le torse entier du porteur *(figure 57).*

Illustrant enfin la tendance contemporaine à transposer les caractères du sauvage vers ceux de l'animal de compagnie, une biche guide passant l'eau accompagnée d'un nageur accroché à son cou, voire portant un enfant sur son dos, fait l'attraction du parc animalier du domaine de la Bédouère en Touraine[224].

Conclusion

Le cerf est incontestablement le roi des forêts d'Asie septentrionale et d'Europe : dieux et esprits du monde celtique et de Gaule, du Kirgizistan et de Sibérie n'arborent-ils pas d'impressionnantes ramures ? Que l'on songe à Cernunos ou à la Mère-à-la-ramure des monts du Tianshan. Caché dans les cavernes de la terre ou dans les forêts profondes lorsqu'il ne court pas les montagnes inaccessibles, le cerf habite là où le sacré se love. Il a été un dieu, un esprit, une fée, un animal psychopompe, le symbole vivant du rite initiatique de mort et renaissance, un guide spirituel, un passeur entre les deux mondes, l'envoyé du Prophète de l'islam et le Christ lui-même. Il a été et il est encore tout cela, et la principale raison tient sans doute à ses bois dont la chute et la repousse démontrent que tout meurt et renaît, et que le cycle de la vie est éternel. Maître de la mort et de la renaissance, le cerf appartient au monde des vivants autant qu'à celui des esprits. C'est ce qui fait presque partout, et en tout temps, sa sacralité.

Mais le mythe, en Asie septentrionale comme en Europe, a voulu un cerf exceptionnel, mystérieux, au-dessus de tous les autres, un animal qui tenait et du cerf (la ramure), et de la biche (la mère), en quelque sorte une créature hermaphrodite. Que l'on songe à la Mère-à-la-ramure en Sibérie, aux biches à cornes dorées que la déesse Diane attelle à son char ou à la biche blanche portant des bois que poursuit le chevalier Guigemar. Ce cervidé singulier qui croise la puissance du mâle et celle de la femelle n'est plus un animal, il est le véhicule d'un être autre. N'a-t-on pas, qui plus est, attribué des ailes au cervidé, comme pour insister sur sa capacité à s'élever vers la surnature ou l'empyrée ?

Si les traditions religieuses judéo-chrétienne et musulmane, s'emparent, ou héritent, de la fascination pour cet animal, c'est pour placer celui-ci aussitôt au service des nouvelles croyances. Si guide le cerf a été, guide il restera, autant que passeur entre les mondes visibles et invisibles. Si la fonction perdure, le maître change. L'esprit, la fée, cèdent la place au saint chrétien ou musulman. Naguère envoyé par un dieu ou un grand esprit, l'animal est désormais le véhicule du Christ ou du Prophète de l'islam.

Mais le cerf est plus que cela. Sa sacralité en fait un animal d'exception qui n'est pas seulement un intermédiaire entre les hommes, les dieux et les esprits, ou un passeur entre les mondes. Ses « pleurs », et surtout le fait qu'il parle, un fait attesté en chrétienté comme en islam, le placent également entre l'animal et l'humain… Il s'agirait donc d'un animal qui s'humanise… lui, le parangon du sauvage, l'animal qu'on ne domestique pas ! Certes, les traditions d'Asie et d'Europe attribuent au cerf une certaine proximité avec les hommes, mais pas avec n'importe quel homme. Des magiciens, des saints chrétiens et musulmans, des hommes des bois ont pu être allaités et même élevés par des biches (saint Gilles, saint Mammès, Demir Bâbâ, etc.). Eux seuls ensuite peuvent monter des cerfs et même les atteler pour le labour. Les figures emblématiques de ces êtres d'exception sont le magicien Merlin ou le saint-au-cerf anatolien Geyikli Bâbâ. Mais, en règle générale, le cerf a toujours échappé à l'homme, échappé à la domestication. C'est probablement ce que veut montrer Tolkien, spécialiste des mythes scandinaves, dans l'adaptation au cinéma du *Seigneur des anneaux* : on découvre que Thranduil, roi de ces créatures immortelles à forme humaine que sont les elfes, en fait des esprits, chevauche un cerf géant, alors que les hommes montent des chevaux. Tolkien rendrait hommage, à sa manière, à la place de cet animal dans les croyances qui ont précédé l'émergence des religions abrahamiques.

C'est par la chasse enfin que le cerf se révèle de la meilleure manière dans ses fonctions de guide, d'animal psychopompe, de convertisseur ou d'initiateur. La chasse peut être divine ou spirituelle lorsque le cerf, véhicule du Christ ou des maîtres soufis, accomplit des miracles et qu'il révèle les mystères de la religion. Le chasseur devient alors le chassé. Mais la chasse peut être malheureuse ou « sauvage », si le chasseur ne respecte pas une certaine éthique qui veut que l'homme se respecte lui-même par la maîtrise de ses passions autant qu'il respecte sa proie, sa femelle gravide et son faon. Que l'on songe à l'issue dramatique de la chasse du prince caucasien Biyginer ou à la chasse sans cesse recommencée du roi Arthur.

Symbole de l'immortalité, de la vie qui l'emporte sur la mort, de la renaissance, de la résurrection, le cerf est l'une des sources vives du sacré, entendu comme expérience mystique de la mort. Son image est protectrice, sa chair possède des vertus thérapeutiques comme le lait de sa femelle, ses bois comme ses crocs sont des talismans et des porte-bonheur, des habits rituels sont taillés dans sa peau. Il est un sacré vénéré, aimé… mais chassé et mangé…

Notes

Introduction

1. Seul le cheval peut partager avec lui cette fonction.

2. Une tête à la langue pendante et coiffée de la ramure se trouve au musée Guimet, elle date des IVe-IIIe siècles, et est originaire de Zhenou shou en Chine centrale ; elle a été exposée au Grand Palais, à Paris, en mars-juillet 2016, notice de Milan Garcin.

3. Voir le catalogue de l'exposition *On-Matsuri and the sacred art of Kasuga*, déc. 2013-janv. 2014, Nara National Museum, Japon, p. 76-77. Deux supports de méditation remarquables appartiennent à l'école *Kasuga-Kô* de Nara (époque Muromachi, XVe siècle et Edo, fin XVIIe), p. 76-77. Renseignement fourni par Philippe Berthet.

4. La trace du pied est dite « vol-ce-l'est », dérivé de « le vois cy aller » présent en 1387 dans Gaston Phébus, *Le Livre de la chasse*, Paris, Philippe Lebaud, 1986. « Vel cy aller » se dit encore aujourd'hui pour le pied du sanglier.

5. R. Hamayon, *La Chasse à l'âme,* Paris, Société d'ethnologie, 1990, p. 711.

6. Les Kamis sont des entités spirituelles entre esprits, dieux et hommes ou même arbres, rochers, cascades ; ils sont rarement représentés ; Nara fut la première capitale impériale du Japon, au VIIIe siècle.

7. H.-M. Legros, « Les cerfs-volants supports des armes de Charles VI », *Revue des études historiques,* 1930, p. 1-4.

8. Dans le bouddhisme, le cerf doré est une image du Bodhisattva. Les rennes, mâles comme femelles, portent ramure.

9. *Il Canzoniere,* sonnet 190, Roma, Mondadori, 1985.

10. *Princesse Mononoké,* 1997.

11. En exergue de : *Le Désir du cerf,* éd. Nicolas-Jean Sed relançant la revue : *La Vie spirituelle,* Paris, éd. du Cerf ; un proverbe grec ancien qualifiait de « beau et secret » l'endroit où le cerf perdait ses bois.

12. Voir Éric Baratay, *L'Église et l'Animal (France, XVIIe-XXe siècle),* Paris, Cerf, 1996. L'auteur place la rupture dans les années 1650-1670 et vers 1830 le retour dans l'environnement de l'homme, voire dans sa parenté avec les progrès de l'évolutionnisme.

Partie I : Sacralité du cerf

1. Selon la *Concordance de la Bible,* TOB. Cent cinquante pour le cheval, une soixantaine pour chèvre et chevreau. Avec une marge d'appréciation, la Vulgate latine et les Septante en grec donnent « cerf » pour le Psaume 41, 2, (hébreu, 42) ainsi que la Bible Hébraïque ; la Bible de Jérusalem, traduit « biche ». Le pluriel hébreu au féminin explique en partie les flottements. Dt 12, 15 ; 12,22 ; 15,5 ; 15,22 ; 1R, 5,3 ; Ps 41,2 ; 103, 18. Is, 35,6 ; Pr, *6,5 ;* Lm, 1,6 (bélier dans la Vulgate et la Bible de Jérusalem). Biche : Gn, 49,21 *; 2S,* 22, 34 ; Jr, 14,5 ; Ha, 3, 19 ; Ps 18,14 ; 22,1 ; 29,9 *;* Jb ; 39,1. Faon : Gn, 49,21 ; Jb, 39,4 .

2. Is, 35,6. Le vocabulaire de l'héraldique française a adopté dans les différentes représentations du cerf le terme : « élancé » pour « courant » à côté de « couché » ou « passant ». Cette dernière constitue la figuration la plus fréquente.

3. Ct 2,7,9,17 ; 3,5 ; 4,5 ; 7,4 (3) ; 8,14 (associe gazelle, faon, de cerf ou de biche selon les traductions : gazelle dans la Bible de Jérusalem).

4. Paris, Comptoir du Livre Kéren Hasefer, 1957, vol. II, p. 180.

5. Le *Dictionnaire d'archéologie chrétienne,* Paris, Letouzey, 1924, de Dom Cabrol, note une relative rareté des fresques par rapport aux mosaïques et aux objets.

6. Voir Charles Puech, « Notes sur le symbolisme de la mosaïque découverte au baptistère d'Enchir… », *Cahiers archéologiques,* 1949 (3 et 4).

7. Ps 80,14. Dans la mythologie grecque, Méléagre tue le sanglier de Calydon envoyé par Artémis mécontente d'avoir été oubliée dans les sacrifices pour ravager les vergers d'Oénée, *Iliade,* chant IX.

8. Une référence aux chasseurs Nemrod et Esaü, deux aux filets et une à la « chasse à la trace », Gn, 10,9, Ps 91,3, et 123,7 Lm, 4,18.

9. *Iliade,* chant IX, 529-599.

10. La Bible fait une fois écho : « Ses princes les voilà comme des cerfs qui ne trouvent point de pâture, ils cheminaient sans force devant qui les chassait », Lm 1, 6.

11. Michel Pastoureau rappelle le surnom de « cerfs » donné aux soldats romains en fuite dans *Les Animaux célèbres*, Paris, Bonneton, 2001, p. 84-88 (repris dans *Bestiaires du Moyen Âge,* Paris, Seuil, 2011). Il note le peu de cas fait de la viande de cerf sur les tables princières de l'Antiquité.

12. *Les Cynégétiques,* Clermont-Ferrand, Palèos, 2008, éd. N. Desgrugillers-Billard.

13. Elle est dite avoir transporté de fureur ses chiens contre Actéon. Le musée de l'Ermitage, à Saint-Pétersbourg, possède des boucles d'oreilles en or, du ve siècle avant J.-C., représentant Artémis montant une biche à ramure (fouilles de Nymphée, près de Kertch, 1867).

14. Repris dans *La Chasse du cerf* de Charles IX (Paris, 1945, Éditions de l'Ibis, p. 37, première édition 1625 par Nicolas de Neufville) ; le roi insistait sur les doutes émis par Aristote sur la véracité des faits.

15. Le latin classique associait volontiers la vieillesse à la longévité du cerf : *senectus cervinus*, « vieux cerf » pour un vieillard, Horace, Apulée.

16. Pline, *op. cit.*, livre VIII, 112-119.

17. Oppien fait écho à ces récits tant pour la navigation que pour l'hostilité aux serpents.

18. Livre II, chap. v, (p. 53 de l'éd. Arnaud d'Andilly, Amsterdam, 1700).

19. Sergio Cigada, *La Leggenda medievale del Cervo Bianco e le origine della « matière de Bretagne,* Roma, Academia nazionale dei Lincei, 1965.

20. Le texte de Salluste est perdu. Pline, livre VIII, 112-119. Sertorius (122-72) vainquit les partisans de Sylla grâce à l'appui indéfectible des chefs de tribus lusitaniens (la Lusitanie romaine était plus étendue que le Portugal actuel). Plutarque (50 ?-120), chap. xi,

la biche le conseillait et l'avertissait des dangers. Valère Maxime avait déjà rapporté ce don prophétique.

21. Livre VI, 507-830. Pour une typologie des thématiques associées au cerf voir F. Dubost : « Les Merveilles du cerf : miracles, métamorphoses, médiations », *Revue des langues romanes,* n° 98 (2), 1994, p. 287-310.

22. Talmud, Zebahim, 113b et Louis Ginzberg, *The Legends of the Jews,* Philadelphia, The Jewish Publication Society, 1909, p. 160. Voir Claude Gaignebet, *A plus hault sens,* Paris, Maisonneuve et Larose, 1986, tome I, note 385. Pour le monument, il s'agit du palais royal de Bourges construit par Jean le Bon.

23. *De bello gallico*, 6, 18, 1. « Tous les Gaulois se vantent d'être issus du dieu Dis, et prétendent que les druides le leur ont révélé… »

24. Trouvée en 1837, rue Vauthier-le-Noir, au centre de Reims, et datée de 160 ap. J.-C. Sur les photos du musée, 1958, la ramure est cassée ; d'autres clichés publiés comportant la ramure intacte semblent un montage.

25. Voir Anne Lombard-Jourdan qui a recensé les représentations et les équivalences dans : *Aux origines du carnaval,* Paris, O. Jacob, 2005, p. 184-209. La racine celtique *garw* est aussi source d'incertitude pouvant désigner le cerf ou la chèvre, le voisinage de *karw,* le géant, est aussi intéressant (renseignement Maurice Perdereau). Le mont Garo à Saint-Sulliac en Ille-et-Vilaine renvoie à la racine.

26. *Ibid.* p. 201-204, citant Walter Map, *De nugis curialium,* London, éd. Wright, 1850. Un conte danois similaire conduit Odin à la poursuite d'un cerf aux enfers.

27. Voir C. Gaignebet, *Le Carnaval,* Paris, Payot, 1974, p. 135, qui utilise la *Vita Merlini* de Geoffroy de Monmouth, 1149.

28. Voir *Le Livre du Graal,* éd. Daniel Poirion, Paris, NRF, Gallimard, 2001, p. 1741.

29. C. Gaignebet, *A plus hault sens*, *op. cit.*, tome II, p. 387.

30. Voir P. Walter et D. Lacroix, *Tristant et Yseut, les poèmes français, la saga norroise,* Paris, Le Livre de Poche, 1993, p. 534-538.

31. Paris, éd. Pierre Jonin, Gallimard, 1979, v. 2962-2973, le texte fin XIIe siècle a été copié sur un ms. anglo-normand de la fin du XIe.

32. Traduit de l'ancien norvégien par Gaston Paris (bibliothèque de l'École des Chartes) 1864 ; cité par S. Cigada, *La leggenda medievale del Cervo Bianco e le origine della « matière de Bretagne*, *op.cit.*, p. 44.

33. L'animal semble avoir en partage la science sacrée des gués.

34. M. Eliade, *De Zalmoxis à Gengis Khan*, Paris, Payot, 1970, p. 131-161. L'hagiographie chrétienne devait s'emparer de ces épisodes révélateurs des projets de Dieu pour la France (Grégoire de Tours, *Histoire des Francs*, Paris, Les Belles Lettres, 1963-1965, II, 37). Le passage par les Huns des marais Méotiques se trouve dans les *Monumenta Germaniae*..., tome V et dans Jordanès (un clerc du Ve siècle), *De Originis actibusque getarum.*

35. Voir J. Clottes et D. Lewis-Williams, *Les Chamanes de la préhistoire,* Paris, Seuil, 1996, p. 81 et *sq.* Les positions des mains comme s'apprêtant à disparaître dans l'invisible ou les fragments d'os encastrés dans des fissures renvoient, selon les auteurs, à cette origine souterraine. Les animaux dangereux représentent néanmoins dans la grotte Chauvet (25 000 ans) 60 % du total et les cervidés seulement 6 %.

36. A. Lombard-Jourdan, *Aux origines du carnaval, op. cit.*, p. 214. De nos jours encore, le comptage pour les plans de chasse est considéré par certains comme une atteinte au mystère de la forêt.

37. Les armes de la famille galicienne de Cervantès portaient d'azur aux deux cerfs passants.

38. *Quatre cents siècles d'art pariétal...,* Paris, CEDP, Montagnac (Dordogne), 1952, p. 176. La peinture fait 70 cm de haut, elle a été baptisée « le sorcier » ou « le dieu cornu ».

39. « Hirsh »*, Knaurs Lexicon der Symbole,* München, Biedermann, 1989.

40. Voir Régis Boyer, *La Religion des anciens Scandinaves,* Paris, Payot, 1981.

41. *Enarrationes in Psalmos,* éd. Migne, patrologie latine, tome XXXVI, 464-465.

42. *Quemadmodum desiderat cervus ad fontem* (Vulgate), « comme la biche languit... » (Bible de Jérusalem), « comme la biche se tourne vers... » *TOB.* La Bible hébraïque donne « halète » pour le cerf, expression rarissime dans la Bible.

43. Ga., 6, 2. Rien d'étonnant à ce que le Psaume ait été intégré à la liturgie romaine dès le VIIe siècle.

44. Voir Francisco Zambon et Alessandro Grossato, *Il Mito della fenice in Oriente e Occidente,* Venezia, Marsilio, 2008, p. 21.

45. Marc,1, 1-13, Matthieu, 3 ; 4,1-1*1*. À l'abbaye de Jumièges, en 1390, une confrérie de saint Jean Baptiste conférait à son maître le titre de « loup vert » ; C. Gaignebet, *A plus hault sens, op. cit.*, tome I, p. 363-365.

46. Jérôme, *Breviarum in Psalmos*, éd. Migne, Patrologie latine, tome 26, col. 949 et *In Isaïam, ibid.*, tome 28 (ref. à *Habacuc*, 3,19).

47. *De Interpretatione in Job,* éd. Migne, Patrologie latine, tome 714, col 811-814 ; Ps, 90,3.

48. *Oeuvres de Tertullien, 3, De la pénitence* et *De la couronne du soldat,* Paris, Vivès, 1852, trad. de Genoude.

49. *Tractatus de diversis materiis praedicabilibus,* livre I, in *Corpus Christianorum,...* tome 124, Turnhout, Brepols, 2002.

50. Éd. Migne, Patrologie latine, 14-17. Il avait utilisé ainsi de nombreux textes grecs ; Basile de Césarée (330-379) avait aussi composé un *Hexaemeron.*

51. Mt. 8,29 et Mc. 5,9. Voir J. Carmody, *Physiologus Latinum,* Paris, Droz, 1939. Les textes grecs et arméniens comportent l'épisode du cerf et du serpent sans développements particuliers. Le pape Gélase, Ier à la fin du ve siècle, l'avait interdit.

52. Ety., livre XII, 48. On dit encore de la robe d'un cheval : bai brun ou bai cerise, etc.

53. *Ibid.*, 1,18. Il y a une centaine de références aux « cornes » dans la Bible. A. Lombard-Jourdan pense que la substitution à la racine indo-européenne *el, al...* (aller, présente en grec, gallois, langues germaniques, scandinaves, français) à *riç* (frapper de la corne) tient au fait que l'on évitait de prononcer le nom de l'animal chassé, *Aux origines du carnaval, op. cit*, p. 241-242. De nos jours encore, les chasseurs signalent sa présence par le qualificatif de « grandes pattes » ou « grands animaux ».

54. Jérôme Magali, « L'Art des "pierres à cerfs" de Mongolie », *Arts asiatiques*, tome 60, 2005, p. 172-180 ; Bao Xingjun, *A'ertai shan yanhua tulu* (Catalogue de pétroglyphes de l'Altaï), Wulumuji, Xinjiang Renmin Chubanshe, 2006, p. 59.

55. Stefan Przeworski, « Notes d'archéologie syrienne et hittite IV. Le culte du cerf en Anatolie », *Syria*, tome 21, fascicule 1, 1940, p. 62-76 ; Billie Jean Collins, « On the trail of the deer : Hittite kürala- », dans Gary Beckman, Richard Beal et Gregory McMahon (dir.), *Hittite Studies in Honor of Harry A. Hoffner Jr. : on the Occasion of his 65th Birthday*, Winona Lake (Indiana), Eisenbrauns, 2003, p. 74.

56. M.-H. Crigel, M. Balligand et E. Heinen, « Les Bois de cerf : revue de littérature scientifique », *Annales de médecine vétérinaire*, n° 145, 2001, p. 27-29 ; John Fletcher, *Deer*, London, Reakton Books LTD, 2014, p. 38-44.

57. Esther Jacobson, *The Deer Goddess of Ancient Siberia*, Leiden, E.J. Brill, 1993, p. 47.

58. Satı Kumartaşlioğlu, « Geyik boynuzlarının yatırlarda şifa için kullanımı » (L'usage des bois de cerf à l'intention des saints), *Milli Folkor*, année 27, n° 197, 2015, p. 145-147.

59. Ünsal Yılmaz Yeşildal, « Anadolu'da Folklorunda Geyik » (Le Cerf dans le folklore d'Anatolie), Konya, yüksek lisans (master 2), Selçuk Üniversitesi, 2007, p. 193, 198-199.

60. Eveline Lot-Falck, « À propos d'un tambour de chamane Toungouse », *L'Homme*, tome I, n°2, 1961, p. 42.

61. E. Lot-Falck, « À propos d'un tambour de chamane Toungouse », art. cit., p. 42 ; E. Jacobson, *The Deer Goddess of Ancient Siberia*, *op. cit.*, p. 174 ; du même auteur, *The Hunter, the Stag, and the Mother of Animals. Image, Monument, and Landscape in Ancient North Asia*, Oxford, Oxford University Press, 2015, p. 287.

62. *Kazakhstan. Hommes, bêtes et dieux de la steppe*, Paris, musée Guimet et Éditions Artlys, 2010, p. 76.

63. Anne-Marie Blondeau et Samten G. Karmay, « "Le Cerf à la vaste ramure" : en guise d'introduction », dans Anne-Marie Blondeau et Kristofer Schipper (dir.), *Essais sur le rituel*, Louvain-Paris, Peeters, bibliothèque de l'École Pratique des Hautes Etudes – section des sciences religieuses, 1988, p. 132-133.

64. E. Jacobson, *The Hunter, the Stag, and the Mother of Animals*, *op. cit.*, pp. 185-186.

65. *Ibid.*, p. 313.

66. E. Jacobson, *The Deer Goddess of Ancient Siberia*, *op. cit.*, p. 47 ; du même auteur, *The Hunter, the Stag, and the Mother of Animals*, *op. cit.*, p. 313.

67. Nadhzhna V. Ermolova, « Olen' v tradicionnykh predstavlenijakh Èvenkov » (Le Renne dans les représentations traditionnelles des Evenks), dans *Tradicionnye verovanija v sovremennoj kul'ture*, Sankt-Peterburg, Muzej Antropologii i Ètnografii, 1993, p. 152-167.

68. Selon l'expression d'Andreï Golovnev, « Le Double Mimétisme des éleveurs de rennes nénetses », dans Charles Stépanoff, Carole Ferret, Gaëlle Lacaze et Julien Thorez (dir.), *Nomadismes d'Asie centrale et septentrionale*, Paris, Armand Colin, 2013, p. 211.

69. Alexander D. King, « Without deer there is no culture, nothing », *Anthropology and Humanism*, 27, 2, 2003, p. 134, 140.

70. E. Lot-Falck, « L'Animation du tambour », *Journal asiatique*, 1961, n° 259, p. 215.

71. E. Lot-Falck, « À propos d'un tambour de chamane Toungouse », art. cit., p. 30 et « L'Animation du tambour », art. cit., p. 221 ; Mircea Eliade, *Le Chamanisme et les techniques archaïques de l'extase*, Paris, Payot, [1968],1988, p. 148-149.

72. S. Badamxatan, *Les Chamanistes du Bouddha vivant*, Paris, Études mongoles et sibériennes, cahier 17, 1986, p. 164-166.

73. E. Lot-Falck, « L'Animation du tambour », art. cit., p. 218, 220.

74. Roberte Hamayon, *La Chasse à l'âme. Esquisse d'une théorie du chamanisme sibérien*, Nanterre, Société d'ethnologie, 1990, p. 146, 171-172, 484.

75. *Ibid.*, p. 143-146, 316-18, 662. Sur le costume du chamane-renne, voir Laurence Delaby, *Chamanes toungouses*, Nanterre, Études mongoles et sibériennes, n° 7, 1976, p. 97-100.

76. E. Lot-Falck, « À propos d'un tambour de chamane Toungouse », art. cit., p. 43.

77. N. Witsen, *Noord en Oost Tartarye, ofte bondig ontwerp van eenige dier landen en volken, welke voormaels bekent zijn geweest*, Amsterdam, Halma, 1705, p. 663, cité et commenté par Charles Stépanoff, dans « Devenir-animal pour rester-humain. Logiques mythiques et pratiques de la métamorphose en Sibérie méridionale », *Images Re-vues*, 6, 2009 (revue en ligne : http://imagesrevues.revues.org/388).

78. F. Georg Heyne, « On the symbolism of the shaman's costume among the reindeer Evenki in Manchuria », *Shaman*, vol. XXI, n° 1-2, 2013, p. 48.

79. *Ibid.*, p. 48, 56-57.

80. R. Hamayon, *La Chasse à l'âme*, *op. cit.*, p. 316-317.

81. *Ibid.*, p. 493, 495.

82. C'est la thèse de E. Jacobson dans son *The Hunter, the Stag, and the Mother of Animals*, *op. cit.*, p. 347.

83. Voir P. Garonne, *Chamanisme et Islam en Asie centrale*, Paris, Jean Maisonneuve, 2000 et T. Zarcone, « Interpénétration du soufisme et du chamanisme dans l'aire turque : "chamanisme soufisé" et "soufisme chamanisé" », dans D. Aigle, B. Brac de la Perrière et J.-P. Chaumeil (dir.), *La Politique des esprits. Chamanismes et religions universalistes*, Nanterre, Société d'ethnologie, 2000, p. 383-396.

84. Hujiexi Gulibahaer, « Keerkeze zu samande zhouyu he shenge » (Chants et incantations des chamanes Kirghiz), dans Jinxiang Seyin (dir.), *Saman xinyang yu minzi wenhua*, Beijing, Zhungguo Shehui Kexue chubanshe, 2009, p. 394, 398 ; Gulbahar Ghojesh (Gulibahaer Hujiexi), « Kirghiz bakhshi and the mazar », dans Sugawara Jun et Rahile Dawut (dir.), *Mazar. Studies on Islamic Sacred Sites in Central Asia*, Tokyo, Tokyo University of Foreign Studies Press, 2016, p. 35-46.

85. K. Tajzhanov, H. Isajlov, « Osobennosti doislamskikh verovannij u uzbekov-karamurtov » (Les particularités des croyances préislamiques chez les Uzbeks-Karamurt), *Drevnie obrjady verovanija i kul'ty narodov srednej Azii,* Moscou, Nauka, 1986, p. 130-131.

86. Voir Patrick Garrone, « Contribution à une étude du bestiaire des croyances centrasiatiques », D.E.A. EHESS, Paris, 2000, p. 14-27.

87. N. A. Kisljakov, « Okhota Tadzhikov doliny r. Khingou - v bytu i v fol'klore » (La Chasse dans la vie et le folklore des Tadjiks de la vallée du Hingou), *Sovetskaja ètnografija*, 4, 1937, p. 108-109.

88. P. Garrone, « Contribution à une étude du bestiaire des croyances centrasiatiques », *op. cit.*, p. 17-18.

89. David Somfai-Kara, M. Hoppál et J. Sipos, « The sacred valley of Jay Ata and a Kirghiz shaman from Xinjiang, China », *Shaman*, 15, 1-2, 2007, p. 54-56.

90. P. Garrone, *Chamanisme et Islam*, *op. cit.*, p. 259.

91. *Ibid.*, p. 215.

92. P. Garrone, « Contribution à une étude du bestiaire des croyances centrasiatiques », *op. cit.*, p. 21-22 ; O. A. Sukhareva, « Perezhitki demonologii i shamanstva u ravninnykh tadzhikov » (Les Survivances démoniaques et chamaniques parmi les Tajiks de la plaine), dans *Domusul'manskie verovaniya i obryady v Srednei Azii*, Moscou, Nauka, 1975, p. 44.

93. W. Eberhard, *Kultur und Siedlung der Randvölker Chinas*, Leiden, Brill, 1942, p. 52, cité par Bahaeddin Ögel, *Türk Mitolojisi* (La Mythologie turque), Ankara, TTK, vol. I, 1989, p. 569-570.

94. Édouard Chavannes, *Documents sur les Tou-kiue (Turcs) occidentaux,* Saint-Pétersbourg, Académie impériale des sciences de Saint-Pétersbourg, 1903, p. 195.

95. B. Ögel, *Türk Mitolojisi, op. cit.*, vol. II, p. 103.

96. B. Ögel, *Türk Mitolojisi*, *op. cit.*, vol. I, p. 24-25 ; vol. II, p. 67.

97. Attila Mátteffy, « The Hind as the ancestress, Ergo Virgin Mary – comparative study about the common origin myth of the Hun and Hungarian people », *Sociology Study*, vol. II, n° 12, p. 943-944, 948-950.

Partie II : Le cerf, le saint chrétien et le soufi

1. Ps 17, 34 et 103, 8 ; Pr, 5, 19 ; Ct 2.

2. *De universo*, édité par J. P. Vigne, Patrologie latine, livre VII, VIII, tome 111, 1851-1852.

3. Commentaire des Psaumes, éd. Migne, P.L. tome 91, col. 415-416.

4. Éd. Ratisbonne, Bar-le-duc, Louis Guérin,1870, 5 vol.

5. *Op. cit.*, tome III, p. 180-182 ; Bernard fait référence au Ps 123,7

6. Ct, 8,14. Plus loin, Bernard abandonne la comparaison avec les bêtes sauvages pour faire des sommets le lieu où paissent les brebis, allant du « sang noir » du gibier à « la viande blanche » des troupeaux dans un monde pacifié (voir Bertrand Hell, *Le Sang noir,* Paris, l'Oeil d'Or, 2012). À quelques lignes de là, il déclare ne pas douter que les esprits « versés dans ce genre de connaissances » ne puissent trouver d'autres propriétés… *ibid*, p. 180-192.

7. Ce qui n'empêcha pas l'abbaye de Fontenay, fondée par Bernard en 1158, de comporter un chenil qui accueillait une meute du duc de Bourgogne. L'abbaye était proche de Montbard, patrie de Buffon.

8. *Op. cit.*, tome IV, p. 412.

9. *Sept traités, lettres et sermons,* Pierre-Yves Emery, Pain de Citeaux, n° 9, Québec, 1996, p. 66.

10. *Un Commentaire vercellien du Cantique des Cantiques*, Turnhout, Brepols, 2005, p. 179-183 et 231. Les textes du pseudo Denys, localisés dans les milieux syriens du début du VIe siècle (voir l'introduction de René Roques, *La Hiérarchie céleste,* Paris, Cerf, 1970) présentent le symbole comme « le premier langage humain … qui (leur) a permis, bien imparfaitement, de concevoir Dieu » qui devient ainsi « accessible aux intelligences incarnées »… R. Roques utilise les termes de « schèmes, figures et formes » (p. 31).

11. Parmi les apocryphes, l'origine légendaire de l'Église d'Édesse dans la *Doctrine de l'apôtre Addaï* (début IVe siècle) fait état d'une lettre du roi Abgar demandant à Jésus de le guérir de la lèpre,

son envoyé peignit le portrait de Jésus qu'il donna au roi avec sa réponse. Voir *Écrits apocryphes chrétiens,* F. Bovon et P. Geoltrain, Paris, Gallimard, 1997, p. 1474-1525.

12. Pausanias, dans son *Pérêgêsis Hellados* (voyage en Grèce), livre IX, avait associé le cerf et la montagne en signalant entre Mégare et Platée un « rocher d'Actéon » d'où il avait contemplé Artémis au bain.

13. Nb., 21,30. Le serpent, premier animal à parler et cause de la chute, trouve son pendant dans les paroles du cerf christique de la rédemption. Saint Julien l'Hospitalier fut averti par le cerf qu'il poursuivait qu'il tuerait père et mère ; l'hagiographie du XIIIe siècle a développé le thème, notamment *La Légende dorée* de Jacques de Voragine.

14. Act. 10, 34.

15. *De Imaginibus Oratio*, III, éd. Migne, Patrologie latine, tome I, col. 372, p. 660.

16. Voir André Grabar, *L'Iconoclasme byzantin*, Paris, Flammarion, 1984, p. 286-289 et L. A. Charbonneau-Lassay, *Le Bestaire du Christ,* Milan, Archè, 1980, p. 149. Le retable est au musée de Cluny, le *Psautier* au Musée historique de Moscou.

17. *Œuvres spirituelles de saint Jean de la Croix*, Paris, Seuil, 1947, p. 677-680.

18. E. Emmerick, Prods Oktor Skjærvø, « Buddhism. Buddhist Literature in Khotanese and Tumshuqese », *Encyclopaedia Iranica*, vol. IV, fasc. 5, 1989, p. 499-505.

19. Saadet Çağatay, « *Karaçay Halk Edebiyatında Avcı Bineger* » (Le Chasseur Bineger dans la littérature populaire karachay), dans *Fuad Köprülü Armağanı*, Istanbul, AÜ Dil ve Tarih Coğrafya Fakültesi, 1953, p. 93-94. Voir aussi du même, « *Türk halk edebiyatında geyiğe dair bazı motifler* » (Quelques motifs ayant trait au cerf dans la littérature populaire turque), *Türk Dili Araştırmaları Yıllığı*, 1956, p. 169-173.

20. *The Jâtaka or the Stories of the Buddha's Former Birth*, édité par E. B. Cowell, Cambridge, Cambridge University Press, 1895, vol. I, p. 36-41.

21. Grotte 257 à Dunhuang : Hsio-Yen Shih. « Readings and Re-Readings of Narrative in Dunhuang Murals », *Artibus Asiae*, vol. 53, n° 1/2, 1993, p. 63 ; Neville Agnew, Martha Demas and Wang Xudong, « The Enduring Collaboration of the Getty Conservation

Institute and the Dunhuang Academy in Conservation and Management at the Buddhist Cave Temples of Dunhuang », *The Public Historian*, vol. 34, n° 3, Summer 2012, p. 7-20. Grottes 38 et 35 de Qizil : Jia Ying-si, *The Selection of Xinjiang's Mural Drawings*, Urumchi, Xinjiang Fine Arts and Photographing Press, 1993, p. 31, 34.

22. S. Çağatay, « Karaçay halk edebiyatında avcı Bineger », art. cit., p. 95-96.

23. Selon son hagiographie tirée du *Tadhkira al-avliyâ* de Fakhr al-Dîn ʻAttar (m. 1220) ; voir Farid-ud-Din ʻAttar, *Le Mémorial des saints*, (trad. A. Pavet de Courteille), Seuil, Paris, 1976, p. 113-114. Voir les commentaires de S. Çağatay, « Türk halk edebiyatında geyiğe dair bazı motifler », art. cit., p. 155-156, 171-172.

24. Rûmî, *Le Livre du dedans*, traduit du persan par Eva de Vitray-Meyerovitch, Paris, Sindbad, 1982, p. 208. Voir l'étude de Tsugitaka Sato qui présente plusieurs versions de cette légende : « The Sufi legend of Sultan Ibrâhîm b. Adham », *Orient*, vol. XLII, 2007, p. 41-54.

25. Ulrich Schneider, « On the buddhist origin of the christian legend of Placidus = St Eustachius », [1961], réédité dans U. Schneider, *Opera Minora*, Wiesbaden, Harrasowitz, 2002, p. 115-123.

26. Nicole Thierry, « Art byzantin du haut Moyen Âge en Cappadoce : l'église n° 3 de Mavrucan », *Journal des savants*, 1972, p. 257 ; du même, « Le Culte du cerf en Anatolie et la vision de saint Eustathe », dans *Monuments et mémoires de la Fondation Eugène Piot*, tome 72, 1991, p. 66-77.

27. Ces lieux ont été recensés et décrits par Nicole Thierry en 1991, dans son article « Le Culte du cerf en Anatolie et la vision de saint Eustathe », art. cit., p. 40-56.

28. *Ibid.*, p. 43, 45, 48.

29. N. Thierry, « Deux couvents gréco-arméniens sur l'Euphrate taurique », *Byzantion*, vol. 61, 1991, p. 500.

30. R. Hamayon, *La Chasse à l'âme*, *op. cit.*, p. 107.

31. Charles Stépanoff, *Chamanisme, rituel et cognition chez les Touvas de Sibérie du Sud*, Paris, Édition de la Maison des Sciences de l'Homme, 2014, p. 291.

32. D'après É. Chavannes, *Documents sur les Tou-kiue (Turcs) occidentaux*, *op. cit.*, p. 195.

33. *Le Livre de Dede Korkut. Récit de la Geste oghuz*, traduction de Louis Bazin et Altan Gökalp, Paris, Gallimard, 1998, p. 132.

34. Müjdan Üçer, « Sivas yöresinde geyikle ilgili halk inançları » (Croyances populaires ayant trait au cerf dans la région de Sivas),

dans E. Gürsoy Naskali et E. Demir (dir.), *Geyik Kibabı* (Le Livre du cerf), Istanbul, Kitabevi, 2013, p. 6.

35. Mustafa Nuri Türkmen, *Osmanlıda Av Kültürü* (La Culture de la chasse chez les Ottomans), Istanbul, Bilgi Kültür Sanat, 2013, p. 79.

36. Ali Rıza Yalman (Yalkın), *Cenupta Türkmen Oymakları* (Les Nomades turkmènes dans le sud), Kültür Bakanlığı, Ankara, 1977, vol. II, p. 398-399.

37. B. Hell, *Le Sang noir*, *op. cit.*, p. 214 *sq.*

38. Adilhan Adiloğlu, « *Biynöger ve Kococaş Destanları arasında benzerlikler* » (Ressemblances entre les épopées de Biynöger et Kococaş), *Turkish Studies*, vol. II/IV, automne 2007, p. 51-52, János Sipos et Ufuk Takful, *Karachay-Balkar Folksongs*, Budapest, Institute for Musicology of the Research Centre for the Humanities of the Hungarian Academy of Sciences – L'Harmattan, 2015, p. 78-79.

39. E. Lot-Falck, *Les Rites de chasse chez les peuples sibériens*, Paris, Gallimard, 1953, p. 161-167.

40. A. Adiloğlu, « Biynöger ve Kococaş Destanları arasında benzerlikler », art. cit., p. 67 ; S. Çağatay, « Karaçay halk edebiyatında avcı Bineger », art. cit., p. 67.

41. A. Adiloğlu, « Biynöger ve Kococaş Destanları arasında benzerlikler », art. cit., p. 69.

42. *Ibid.*, p. 53-54.

43. C. Stépanoff, *Chamanisme, rituel et cognition chez les Touvas de Sibérie du Sud*, *op. cit.*, p. 284-291.

44. N. A., « Okhota Tadzhikov doliny r. Khingou - v bytu i v fol'klore », art. cit., p. 114.

45. Selim Hilmi Özkan, « Gündoğmuş (Antalya) ve köylerinde anlatılan geyik efsanesi ve bu efsane üzerine bir değenlendirme » (Les Légendes de cerfs à Gündoğmuş (Antalya) et dans ses villages et une analyse sur ce point), *Karadeniz Sosyal Bilimler Dergisi*, année 3, n° 4, printemps 2011, p. 47-54.

46. Pertev Naili Boratav, *100 soruda Türk Folkloru* (Le Folklore turc en 100 questions), Istanbul, Türk Halkbilimi, 2003, p. 81.

47. C. Stépanoff, *Chamanisme, rituel et cognition chez les Touvas de Sibérie du Sud*, *op. cit.*, p. 284 *sq.* Voir aussi Alexandra Lavrillier, « Spirit-charged animals in Siberia », dans Marc Brightman, Vanessa Elisa Grotti, et Olga Ulturgasheva (dir.), *Animism in Rainforest and Tundra. Personhood, Animals, Plants and Things in Contemporary Amazonia and Siberia*, Cambridge, Cambridge University, 2012, 2014, p. 121.

48. V. N. Basilov, *Kul't svjatyh v Islame* (Le Culte des saints dans l'islam), Moskva, Izdatel'stvo Mysl', 1970, p. 122 ; du même, « Nekotorye perezhitki kul'ta predkov u Turkmen » (Sur quelques survivances du culte des ancêtres chez les Turkmènes), *Sovetskaja ètnografija*, 5, septembre-octobre 1968, p. 57 ; S. M. Demidov, *Turkmenskie Ovljady* (Les *Aulâd* Turkmènes), Ashhabad, Ylym, 1976, p. 99-105.

49. S. M. Demidov, « Perezhitki doislamskikh verovanij sredi Turkmen » (Survivances de croyances préislamiques chez les Turkmènes), dans N. Bajramsahatov (dir.), *Religioznye perezhitki i puti ikh preodolenija ve Turkmenistane*, Ashkabad, Ylym, 1977, p. 140-141.

50. Le terme utilisé, *koja* (*khvâja*), qualifie habituellement un religieux ou un soufi.

51. Ali Rıza Yalman (Yalkın), *Cenupta Türkmen Oymakları, op. cit.*, vol. II, p. 400. Voir d'autres exemples dans B. Ögel, *Türk Mitolojisi, op. cit.*, vol. II, p. 106-107.

52. P. N. Boratav, *100 soruda Türk Folkloru, op. cit.*, p. 81.

53. B. Ögel, *Türk Mitolojisi, op. cit.*, vol. II, p. 107 ; A. R. Yalman, *Cenupta Türkmen Oymakları, op. cit.*, vol. II, p. 399.

54. B. Ögel, *Türk Mitolojisi, op. cit.*, vol. II, p. 107.

55. Sur cette tribu, voir S. M. Demidov, *Turkmenskie Ovljady, op. cit.*, p. 86-120.

56. Voir James MacKillop, *Myths and Legends of the Celts*, London, Penguin Books, 2006, p. 18-20.

57. Ce récit a été publié par Yeats, en 1890, dans la série « Histoires de l'aube » (Tales from the Twilight), puis repris dans son *Writing on Irish Folklore, Legend and Myth*, Penguin Books, London, 1993, p. 59.

58. Ali Selçuk, *Tahtacılar. Mersin Tahtacıları Üzerine bir Araştırma* (Les Tahtacı. Une étude sur les Tahtacı de Mersin), Istanbul, Yeditepe, 2004, p. 245.

59. *Hakîm Atâ Risâlasi - Legenda pro Hakim'-Ata*, éd. K. G. Zaleman', Saint-Pétersbourg, 1898, p. 118 ; Münevver Tekcan, *Hakîm Ata Kitabı*, Ankara, Beşir Kitabevi, 2007, p. 46, 49.

60. Abdurrahman Güzel, *Bakırgan Kitabı*, Ankara, Öncü Kitap, 2007, p. 64 ; M. Tekcan, *Hakîm Ata Kitabı, op. cit.*, p. 46, 49.

61. V. A. Gordlevskij, « Khozha Akhmed Jasevi » (Khvâja Ahmad Yasavî), dans *Akademik V. A. Gordlevskij izbrannye sochinenija. Istorija i kult'ura*, Moskva, Izdatel'stvo Vostochnoj Literatury, 1963, p. 368.

62. *Pîr* signifie ici les soufis et les saints.

63. *Boz Geyikli, Elbeyli boyunun piridir* ; A. R. Yalman, *Cenupta Türkmen Oymakları, op. cit.*, vol. I, p. 33.

64. A. R. Yalman, *Cenupta Türkmen Oymakları, op. cit.*, vol. I, p. 33-34, vol. II, p. 119, 398-400 ; Hikmet Tanyu, *Ankara ve Çevresinde Adak ve Adak Yerleri* (Vœux et lieux de vœux à Ankara et dans ses environs), Ankara, Ankara Üniversitesi İlahiyat Fakültesi Y., 1967, p. 297.

65. P. 47 de l'éd. Philippe Lebaud, Paris, 1986.

66. Poitiers, par les de Marnefz et Bouchetz, 1561.

67. A. Lombard-Jourdan, *Aux origines du carnaval, op. cit.*, p. 100-103 et 280. « Daintier » vient du latin *dignitas.*

68. *Ibid.*, p. 97-98. L'Église s'efforçait alors d'interdire la chasse le dimanche et d'en détourner (en vain) les clercs.

69. 470-542, l'épisode est rapporté par Jacques de Voragine, *La Légende dorée,* rédigée entre 1261 et 1266 qui fut le texte hagiographique le plus répandu au Moyen Âge. Saint Césaire est mort en 542 et saint Gilles en 770.

70. Les « ymagiers » en peintures murales et vitraux firent florès jusqu'au XVIe siècle.

71. Voir Charles Cahier, *Caractéristiques des saints dans l'art populaire,* Paris, Poussielgue, 1867.

72. F. Carel de Rooy, *La Vie de saint Hubert dite d'Hubert Le Prévost…*, Zwolle, W. Tjeenk Willlink, 1958. Le père Poncelet mentionna l'épisode à la même époque dans ses *Vies de saints.*

73. Évêque de Metz vers 610 et grand-père de Pépin d'Herstal, voir A. Lombard-Jourdan, *Aux origines du carnaval, op. cit.*, p. 76, qui relate qu'un cerf chassé vint se coucher sous son convoi funèbre lors de son transfert de Metz à Tours. Les chiens s'arrêtèrent seuls encore une fois.

74. Voir Henri Gaidoz, *La Rage de saint Hubert*, Paris, Picard, 1887.

75. Les colporteurs vendaient des médailles et des talismans contre la rage.

76. B. Hell, *Le Sang noir, op. cit.*, p. 160-178.

77. Voir l'*Histoire ecclésiastique et civile du Duché de Luxembourg* de Jean Bertholet, Bruxelles, 1973.

78. Gunnar Tilander, édition annotée, Lund, Ohlsson, 1932.

79. Voir Colette Beaune, « Costume et pouvoir à la fin du Moyen Âge : les devises royales vers 1400 », *Revue des sciences humaines,* T.LV-n° 183, juil-sept 1981, p. 123-143.

80. Voir *Splendeur de l'enluminure. Le roi René et les livres,* Paris, Actes sud, 2009, p. 315-319. L'origine en était le *Tractatus de*

herbis de Bartolomeo Mini (1300), traduit en français puis imprimé à Besançon en 1485. Les livres de médecine de René d'Anjou furent légués à son médecin qui passa au service de Charles VIII.

81. *Histoire de ma vie*, Paris, Gallimard, Pléiade, 2015, tome II, p. 76-82

82. Saint Paul, Rm.8, 22, « Nous le savons en effet, toute la création jusqu'à ce jour gémit en travail d'enfantement… ».

83. Colette Beaune s'est étonnée de la canonisation de « cet ectoplasme au XVIIe siècle », « Costume et pouvoir à la fin du Moyen Âge : les devises royales vers 1400 », art. cit., p. 3.

84. Manuscrit dédié à Louise de Savoie, BnF. L'auteur, mort en 1526, avait été évêque de Cahors, précepteur du futur François 1er, puis aumônier du roi. Voir F. Avril et N. Raynaud, *Les Manuscrits à peintures en France, 1440-1520*, Paris, 1993, p. 363-364.

85. Les deux ouvrages ont été publiés à Francfort. Textes cités par Stanislas Klossowski de Rola, *Le Jeu d'or*, Paris, Herscher, 1988, p. 188-207.

86. *Op. cit.*, p. 134-155, publié également à Francfort.

87. S. Matton (dir.), *Documents oubliés sur l'alchimie, la kabbale et Guillaume Postel, offerts à François Secret*, Genève, Droz, 2001, p. 356-438. La date de l'œuvre est inconnue.

88. Ct. 2,7,8,9.

89. Ct. 2, 9 et 4,5.

90. S. Matton (dir.), *Documents oubliés sur l'alchimie, la kabbale et Guillaume Postel, offerts à François Secret*, *op. cit.*, p. 399.

91. Venezia, Biblioteca nazionale marciana ; cité par F. Zambon et A. Grossato, *Il Mito della fenice, op. cit.*, p. 47.

92. Cette croyance existe aussi dans le zoroastrisme, voir Philippe Gignoux, « Ancien Iranian religion and shamanism », dans Mariko Namba Walter et Eva Jane Neuman Fridman (dir.), *Shamanism. An Encyclopedia of World Beliefs, Practices and Culture*, Santa Barabara, ABC Clio, 2004, p. 531.

93. R. Hamayon, *La Chasse à l'âme*, *op. cit.*, p. 548-549 et « Siberian Shamanism », dans M. N. Walter et E. J. Neuman Fridman (dir.), *Shamanism, op. cit.*, p. 620.

94. E. Lot-Falck, *Les Rites de chasse chez les peuples sibériens*, *op. cit.*, p. 212-215. Voir aussi M. Eliade, *Le Chamanisme et les techniques archaïques de l'extase*, *op. cit.*, p. 139-142 ; Jean-Paul Roux, *Les Traditions des nomades de la Turquie méridionale. Contribution*

à l'étude des représentations religieuses des sociétés turques d'après les enquêtes effectuées chez les Yörük et les Tahtacı, Paris, Librairie Adrien Maisonneuve, 1970, p. 259-260.

95. V. N. Basilov, *Kul't svjatyh v Islame*, *op. cit.*, p. 111 ; voir aussi P. Garrone, *Chamanisme et Islam*, *op. cit.*, p. 230.

96. Yusus Ziya Demirci, *Yürükler ve Köylülerde Hikayeler* (Les Contes chez les Yürük et chez les villageois), Istanbul, Güneş Mat., 1934 p. 115-117 ; Mehmet Nacı Önal, *Muğla Efsaneleri* (Légendes de Muğla), Muğla, Muğla Üniversite Y., 2003, p. 395-396.

97. Ces éléments ont été signalés par Devin DeWeese (communication « The Yasavî sufi tradition and the problem of shamanic survivals », présentée au colloque « Le Chamanisme », organisé par R. Hamayon, Chantilly, septembre 1997, non retenu dans la publication des actes). Le choix des termes « *tutelary spirit* » et « *ecstacy* », pour traduire des termes arabe, turc ou persan, dont DeWeese ne donne pas les originaux, est très contestable, autant que le sont ses commentaires sur le chamanisme islamisé d'Asie centrale. Sa méconnaissance du chamanisme septentrional ne lui permet pas de comprendre de quelle manière cette religion s'est recomposée sous l'influence de l'islam soufi, et DeWeese cherche, en conséquence, le chamanisme là où il n'est pas et ne l'étudie pas là où il se trouve. Ce défaut est encore plus net dans son récent article « Shamanism in Central Asia » (*Social History of the Orient*, 57, 2014, p. 326-363) qui est fondé sur les seuls travaux soviétiques et aucune enquête de terrain.

98. Cet épisode ne se trouve pas dans toutes les versions de l'hagiographie de Hacı Bektach ; *Vilâyet-nâme. Manâkıb-ı Hünkâr Hacı Bektâş-ı Velî* (Testament. Geste du Souverain Hacı Bektach Veli), édité par Abdülbaki Gölpınarlı, Istanbul, İnkılâp Kitabevi, 1958, p. 72.

99. Ahmet Yaşar Ocak, *Alevi ve Bektaşi İnançlarının İslam Öncesi Temelleri* (Les fondements préislamiques des croyances alévies et bektachies), Istanbul, İletisim, [1983], 2003, p. 170-174.

100. J.-P. Roux, *Faune et Flore sacrées dans les sociétés altaïques*, Librairie d'Amérique et d'Orient Adrien Maisonneuve, Paris, 1966, p. 40 ; S. Çağatay, « Türk halk edebiyatında geyiğe dair bazı motifler », art. cit., p. 170 ; M. N. Önal, *Muğla Efsaneleri*, *op. cit.*, p. 395-398.

101. Metin And, *Oyun ve Büğü. Türk Kültüründe Oyun Kavramı* (Chamanisme. Le concept de danse dans la culture turque), Istanbul, Yapı Kredi Y., 1981, p. 223-224.

Partie III : Chasse qui sauve, chasse qui perd

1. G. de Monmouth a utilisé des sources différentes dans son *Historia*… et dans la *Vita Merlini* de 1151.

2. Voir C. Gaignebet, *Le Carnaval*, *op. cit.*, p. 162 et 166.

3. Des sépultures mésolithiques (5 000 ans) dans l'île d'Hoedic (près de Quiberon) juxtaposent deux types de sépultures : les corps, jambes repliées, entourés de bois de cerfs ou la tête coiffée des mêmes bois, Gwenc'hlan Le Scouezec, *Le Guide de la Bretagne,* Spezet, coop Breizh, 1999, p. 245.

4. Voir note 21, p. 184, F. Dubost, « Les Merveilles du cerf : miracles, métamorphoses, médiations », art. cit. Le rôle de la moelle de cerf dans la nécromancie avait été signalé par Lucain.

5. *Le livre du Graal, op. cit.* p. 1742-1743 ; sur le sens de la viande crue, B. Hell, *Le Sang noir*, *op. cit.*, p. 116-117 qui rappelle la « sacralité de la forêt » développée dans saint Bernard. Dans *L'Histoire de Grisandole*, l'homme sauvage conduit à l'empereur a pris soin de donner la preuve de son baptême avant d'interpréter son rêve d'une truie lubrique qui n'était autre que l'impératrice.

6. Dans une *Continuation de Perceval*, le héros trouve sur son chemin dans la forêt aventureuse une tombe surmontée d'une croix d'où s'échappent les cris de douleur d'un chevalier retenu là ; Perceval, ému, soulève la pierre et le délivre, mais le félon le pousse dans le trou et enfourche son cheval en moquant sa naïveté. La monture paraît collée au sol, le fugitif prend peur et retourne au tombeau en libérant Perceval après lui avoir indiqué le chemin du « mont Douloureux » et déconseillé de poser des questions : « Ce que je suis et que je fais, vous le saurez bien assez tôt. »

7. A. Lombard-Jourdan, *Aux origines du carnaval, op. cit.*, p. 214 et *sq.* Régis Boyer dans *La religion des anciens Scandinaves,* Paris, Payot, 1981, présente le sacrifice du cerf comme substitué à celui du cheval et rappelle que Odin est dit *Elgr* (élan).

8. B. Hell, *Le Sang noir*, *op. cit.*, 3e partie, chap. I.

9. Sur ce thème, voir J. C. Schmitt, *Les Revenants, les vivants et les morts*, Paris, Gallimard, 1994 ; il identifie les sources d'Augustin dans le *Livre des prodiges* de Julius Obsequens au milieu du IVe siècle.

10. *Op.cit.*, p. 213, du latin *mansionata* dans le sens de *gens* : famille et serviteurs. Orderic Vital, *Histoire ecclésiastique* (1133-1135).

11. G. Map, *De Nugis, Curialium (Contes pour gens de cour),* trad. Alan K. Bate, Turnhout, Brepols, 1993.

12. É. de Bourbon, *Anecdotes historiques, légendes et apologues,* éd. A. Lecoy de La Marche, Paris, Loomes, 1877, p. 321.

13. Jacques Le Goff, *La Naissance du Purgatoire*, Paris, Gallimard, 1981, p. 376-383.

14. J. C. Schmitt, *Les Revenants... op. cit. La vision de saint Eustache,* de Dürer, a pour pendant *Le chevalier et la mort*, celui-ci est en forêt, accompagné d'un chien. É. de Bourbon, *Tractatus de divinis materiis predicabilibus,* vers 1250.

15. Chant douzième, p. 62 de l'Éd. Paris, Garnier, 1951.

16. C. Gaignebet, *A plus hault sens, op. cit.*, tome I, p. 361. Arlequin devait hériter des costumes.

17. *Histoire pittoresque de la Franc-Maçonnerie*, Paris, Pagnerre, 1843, p. 329.

18. Hülya Çevirme, « Alageyik efsanesi üzerine bir inceleme » (Une étude sur la légende du cerf), *Ankara Üniversitesi Türkiyat Araştırmaları Enstitüsü Dergisi*, n° 13, 1999, p. 251-254.

19. Müjgan Cunbur, « Folklorumuzda "geyik" motifi üzerine » (Sur le motif du cerf dans notre folklore), dans *II. Milletlerarası Türk Folklor Kongresi Bildirileri*, Ankara, Başbakanlık Bak., 1982, vol. II, p. 81-82.

20. Erkan Demir, « Türkülerde geyik » (Le Cerf dans les chansons populaires), dans E. Gürsoy Naskali et E. Demir (éds.), *Geyik Kibabı, op. cit.*, p. 148.

21. Alimcan İnayet, « Uygur kültüründe geyik » (Le cerf dans la culture uyghure), dans E. Gürsoy Naskali et E. Demir (dir.), *Geyik Kitabı, op. cit.*, p. 50-51.

22. Gülhan Atnur, « Kozı Körpeş ile Bayan Sulu destanında geyik motifi » (Le motif du cerf dans les épopées de Kozı Körpeş et Bayan Sulu), *Ankara Üniversitesi Türkiyat Araştırmaları Enstitüsü Dergisi*, n° 28, 2005, p. 213-222.

23. A. Lavrillier, « Spirit-charged animals in Siberia », art. cit., p. 122.

24. Zhong Jinwen, « Shamanism in Yughur folk tales », *Shaman*, vol. III, n° 1, printemps 1995, p. 59.

25. Yaşar Kemal, *Üç Anadolu Efsaneleri* (Trois légendes d'Anatolie), Istanbul, Yapıkredi Yay., 2003, p. 167.

26. *Ibid.,* p. 165.

27. *Ibid.,* p. 173.

28. J.-P. Roux, *Les Traditions des nomades de la Turquie méridionale*, *op. cit.*, p. 280 ; A. Selçuk, *Tahtacılar*, *op. cit.*, p. 245.

29. J.-P. Roux, *Les Traditions des nomades de la Turquie méridionale*, *op. cit.*, p. 280.

30. Lyubomir Mikov, *Bulgaristan'da Alevi-Bektaşi Kültürü* (La Culture alévie-bektachie en Bulgarie), [2006], traduit du bulgare, Istanbul, Kitapyayinevi, 2008, p. 295-296, et illustration 45.

31. *Ibid.*, p. 296. Voir aussi M. Üçer, « Sivas yöresinde geyikle ilgili halk inançları » art. cit., p. 10.

32. L. Mikov, *Bulgaristan'da Alevi-Bektaşi Kültürü*, *op. cit.*, p. 294.

33. Ali Duymaz, « Anadolu – Turk efsanelerinde ağlayan ağaçlar » (Les Arbres qui pleurent dans les légendes turques d'Anatolie), dans B. Gül, F. Ağca et F. Gökçe (dir.), *Bengü Bitig Dursun Yıldırım Armağanı*, Ankara, Türkbiliğ, 2013, p. 277-288.

34. T. Zarcone, « Hommes-pierres, hommes-arbres et hommes-animaux en Asie turque et en Europe orientale », *Diogène*, n° 207, 3/2004, p. 44-58.

35. Maurice Perdereau, correspondance avec J. P. Laurant. S. Cigada, *La Leggenda medievale del Cervo Bianco e le origine della « matière de Bretagne*, *op. cit.*, p. 9-30, a rassemblé les versions des textes plus tardifs ou contemporains des *Perceval, continuation de Perceval, La vengeance de Raguidel, Fergus,* et des lais voisins : *Guigemar*, *Graelent, Tyolet*, etc.

36. Selon Jean Markale, la thématique omniprésente du mariage ou de l'enlèvement renvoie à une initiation sexuelle. *Le Roi Arthur et la société celtique*, Paris, Payot, 1983. Un schéma identique se lit dans la *Continuation de Perceval*, le héros est condamné pour racheter une faute à tuer le cerf blanc ; sa victoire lui permet la conquête de la jeune fille qui était en fait une messagère de l'au-delà.

37. La compilation date des années 1215- 1230. Elle a été publiée par H. O. Sommer : *The Vulgate version of the Arthurian Romances,* Washington, The Carnegie Institution, 1909-1916.

38. Prière précédant la consécration.

39. Ce passage suit la description de S. Cigada, *La leggenda medievale del Cervo Bianco e le origine della « matière de Bretagne*, *op. cit.*, p. 30-43.

40. *Ibid.* p. 41.

41. Henri Dontenville, *La France mythologique,* Nancy, Tchou, 1966, p. 72-73. La langue est datée du XVIe siècle tardif et localisée dans les marches de Bretagne. L'histoire de Blanche Neige et du

cœur de la biche apporté en substitution à la reine renvoie au pouvoir de transformation. Néanmoins, Dontenville fait remarquer que la question la plus importante restait sans réponse, à savoir pourquoi la jeune fille était ainsi condamnée et ne pouvait échapper à son destin.

42. « Les Merveilles du cerf : miracles, métamorphoses, médiations », art. cit.

43. Paris, Philippe Lebaud, 1986, éd. Marcel Thomas, p. 41.

44. P. N. Boratav, *100 soruda Türk Folkloru, op. cit.,* p. 81 ; A. Y. Ocak, *La Révolte de Baba Resul ou la formation de l'hétérodoxie musulmane en Anatolie au* XIII*e siècle*, Ankara, TTK, 1989, p. 118-111 ; du même, *Kalenderîler.* XIV*-*XVII*. yüzyıllar* (Les *Qalandar.* XIVe-XVIIe siècle), Ankara, Türk Tarih Kurumu, 1992, p. 87-93.

45. Voir T. Zarcone, « Bektashiyya », *Encyclopedia of Islam 3*, 2014, p. 21-30.

46. Mecdî Mehmed Efendî, *Şaqâ'iq Nu'mâniyye va Zeyilleri. Hadâ'iq ül-Şaqâ'iq*, édité par Abdülkadir Özcan, Istanbul, Çağrı Y., 1989, vol. I, p. 35. ; A. Y. Ocak, *La Révolte de Baba Resul*, *op. cit.,* p. 122 ; J.-P. Roux *Les Traditions des nomades de la Turquie méridionale…*, *op. cit.*, p. 285-286.

47. Ali Haydar Avcı, *Abdalan-ı Rum ve Geyikli Baba* (Les Abdal de Roum et Geyikli Baba), Istanbul, La Kitab, 2015, p. 144.

48. A. Y. Ocak, *Alevi ve Bektaşi İnançlarının İslam Öncesi Temelleri*, *op. cit.*, p. 100 ; Hacı Bektâş-ı Veli, *Velâyetnâme*, édité par Hamiye Duran, Ankara, Türkiye Diyanet Vakfı Y., 2007, p. 190-193 ; A. H. Avcı, *Abdalan-ı Rum ve Geyikli Baba*, *op. cit.*, p. 147.

49. D'après des sources arabes de l'époque ; *cf.* A. Y. Ocak, *La Révolte de Baba Resul, op. cit.,* p. 108.

50. C'est le point de vue d'Abdülbaki Gölpınarlı, *Yunus Emre. Hayatı* (Yunus Emre. Sa vie), Istanbul, Bozkurt Y., 1936, p. 35-36.

51. Nicolas de Nicolay, *Les navigations, pérégrinations et voyages faicts en la Turquie par Nicolas de Nicolay,* Anvers, 1576, p. 194.

52. Ogier Ghiselin de Busbecq, *Les Lettres turques*, traduites du latin par Dominique Arrighi, Paris, Honoré Champion, [1633], 2010, p. 169.

53. On ne connaît pas le dessin original qui est à l'origine de la photographie se trouvant dans la collection de Şahın Paksoy, Istanbul.

54. M. Üçer, « Sivas yöresinde geyikle ilgili halk inançları » art. cit., p. 11.

55. *Ibid.*, p. 12.

56. Esma Şimşek, « Giresun ve çevresinde anlatılmakta olan "Ana Geyik" efsanesinde mitolojik unsurlar » (Les éléments mythologiques dans la "légende du cerf" tels qu'ils sont expliqués à Giresun et dans ses environs), *Milli Folklor*, vol. IV, année 7, n° 26, été 1995, p. 17-22.

57. M. Üçer, « Sivas yöresinde geyikle ilgili halk inançları » art. cit., p. 13-15.

58. Aslı Büyükokutan, « Avlılıkla ilgili inanışlar », dans Emine Gürsöy et Hilal Oytun Haltun (dir.), *Av ve Avcılık Kitabı* (Le Livre de la chasse et des chasseurs), Istanbul, Kitabevi, 2008, p. 465.

59. D'après l'hagiographie qui le concerne : *Karaca Ahmet Sultan Menâkıbnâmesi*, édité par H. Dursun Gümüşoğlu, Istanbul, Alevi Vakıfler Federasyonu, 2013, p. 119-127.

60. Le terme « cerf » (*geyik/keyik*) constituait, en turc ancien, un marqueur, placé à la suite du nom d'un animal spécifique, qui signifiait le statut sauvage de celui-ci : par exemple, *bars keyik* (tigre), *sıgın keyik* (cerf), etc. Voir Mesut Şen, « Keyik », dans E. Gürsöy Naskali et H. Oytun Haltun (dir.), *Av ve Avcılık Kitabı*, *op. cit.*, p. 76-77.

61. S. Kumartaşlioğlu, « Geyik boynuzlarının yatırlarda şifa için kullanımı », art. cit., p. 142-143.

62. A. Y. Ocak, *Alevi ve Bektaşi İnançlarının İslam Öncesi Temelleri*, *op. cit.*, p. 216.

63. Selçuk Peker, *Mezar ve Türbelere Kült Merkezli bir Bakış. Aksaray Örneği* (Un Regard sur le culte accompli auprès des tombes et des mausolées. Le cas de la ville d'Aksaray), Konya, Kömen, 2015, p. 63.

64. Muhammed bin Salih ad-Dimaskî, *Peygamber Külliyâtı* (Œuvres complètes du Prophète), traduit de l'arabe, Istanbul, Ocak Yay., 2004, vol. IX, p. 539-540.

65. Ebû Ca'fer Muhammed b. Cerir el-Tabarî, *Tarih-i Taberî Tercemesi* (Traduction de l'Histoire de Tabarî - *Tâ'rîkh al rusûl wa al-mulûk*), Konya, Can Kitabevi Mustafa Can, 1982, vol. II, p. 365.

66. M. Fuat Köprülü, « Türk edebiyatında aşık tarzının menşe ve tekamülü » (Les origines du genre *aşık* et son évolution dans la littérature turque), réédité dans M. Fuat Köprülü, *Edebiyat Araştırmaları*, Ankara, Türk Tarih Kurumu, 1986, p. 205-206.

67. S. Çağatay, « Türk halk edebiyatında geyiğe dair bazı motifler », art. cit., p. 157-158; M. Cunbur, « Folklorumuzda "geyik" motifi üzerine », art. cit., p. 75-77 ; Fethi Gedikli, « Geyik Destanı »

(L'épopée du cerf), dans E. Gürsoy Naskali et E. Demir (dir.), *Geyik Kibabı*, *op. cit.*, p. 120-125.

68. F. Gedikli, « Geyik Destanı », art. cit., p. 119.

69. *Tam Mevlidi Şerif. Meşhur Mevludları ve Mevlud Hikâye ve İlahilerini Havidir* (Tout le Mevlid. Comprenant les *mevlud* célèbres, les contes et les chants du *mevlud*), Istanbul, İkbal Kitabevi, 1935, p. 103-112.

70. S. Çağatay, « Türk halk edebiyatında geyiğe dair bazı motifler », art. cit., p. 153-154

71. *The History of al-Tabarî*, traduction de W. Montgomery Watt et M. V. McDonald, New York, State University of New York Press, 1988, vol. VI, p. 103-104 ; Maurice Gaudefroy-Demombynes, *Mahomet*, Paris, Albin Michel, [1957], 1969, p. 98.

72. B. P. O'Regan, H. Javadi, « Ahu », *Encyclopædia Iranica*, 1984, vol. I, fasc. 7, p. 681-683.

73. Ingvild Flaskerud, *Visualizing Belief and Piety in Iranian Shiism*, London, Continuum International Publishing Group, 2010, p. 93 et 236.

74. D'après des photographies que nous a communiquées Sharokh Raei (Université de Göttingen) que nous remercions ici.

75. Hacı Bektâş-ı Veli, *Velâyetnâme*, *op. cit.*, p. 605-606.

76. Cyril, *Perigrafi tes arxisatrapias Ikoniu,* Constantinople 1815, p. 11, cité par F. W. Hasluck, *Christianity and Islam under the Sultans,* New York, Octagon Books, [1929], 1973, vol. I, p. 84. D'après Hasluck, l'identification de Hacı Bektach à saint Charalambos est plus tardive.

77. A. Y. Ocak, *Alevi ve Bektaşi İnançlarının İslam Öncesi Temelleri*, *op. cit.*, p. 207-208 ; A. Güzel, *Abdal Mûsa Velâyetnâmesi* (Testament/Geste de Abdal Mûsa), Ankara, Türk Tarih Kurumu, 1999, p. 105-107.

78. L. Mikov, *Bulgaristan'da Alevi-Bektaşi Kültürü*, *op. cit.*, p. 294.

79. A. Y. Ocak, *Alevi ve Bektaşi İnançlarının İslam Öncesi Temelleri*, *op. cit.*, p. 207-208.

80. Cité chez S. Çağatay, « Türk halk edebiyatında geyiğe dair bazı motifler », art. cit., p. 158-159.

81. A. Güzel, *Abdal Mûsâ Velâyetnâmesi*, *op. cit.*, p. 107.

82. Adnan Binyazar, *Âşık Veysel*, Istanbul, Doğan Egmont, 2015, p. 47.

83. M. N. Önal, *Muğla Efsaneleri, op. cit*, p. 265.

84. Beyrouth, Maktaba al-ma'ârif, 1980, vol. V, p. 147-149. Dans la traduction turque de cet ouvrage, le terme « gazelle » est également traduit par « cerf » (*geyik*), İbn Kesîr, *El-Bidâye ve'n-Nihâye. Büyük İslam Tarihi*, traduction de Mehmet Keskin, Istanbul, Çağrı Yay., 1994, vol. VI, p. 193-195.

85. Paulette Galand-Pernet, *Recueil de poèmes chleuhs 1. Chants de trouveurs*, Paris, Klincksieck, 1972, p. 65.

86. F. Viré, « Ghazâl », *Encyclopédie de l'islam 2*, Leiden, Brill, 1977, tome II, p. 1061.

87. G. Camps, « Cerf », *Encyclopédie berbère*, Aix-en-Provence, Edisud, 1993, vol. XII.

88. 'Attar, « Tadhkirat al-awliyâ » cité par A. Y. Ocak, *Alevi ve Bektaşi İnançlarının İslam Öncesi Temelleri*, *op. cit.*, p. 110.

89. Margaret Smith, *Râbi'a the Mystic and her Fellow-Saints in Islam*, Cambridge, University Press, 1928, p. 34-35 ; Richard C. Foltz, *Animals in Islamic Traditions and Muslim Cultures*, Oxford, Oneworld, 2006, p. 80.

90. Mahmud Cemaleddin el-Hulvî, *Lemezât-ı Hulviyya ez Lemezât-ı ulviyye*, édité par Serhan Tayşi, Istanbul, Marmara Üniversitesi İlahiyat Fakültesi, 1993, p. 346-347.

91. Zekiye Çağımlar, « Kastamonu halk kültürü içinde yatır-ziyaret inancı ve bu inanç çerçevesinde Şeyh Şaban-Veli etrafında oluşturulan efsaneler » (La Croyance au saint et au pèlerinage dans la culture populaire à Kastamonu et les légendes qui se sont développées en relation avec cette croyance autour de Şeyh Şaban-ı Veli), dans *İkinci Kastamonu Kültür Sempozyumu Bildirileri, 18-20 Eylül 2003*, Kastamonu, Kastamonu Valiliği, 2005.

92. Zaïm Khenchelaoui, *Abû Madyan Shu'ayb. L'Algérie au cœur du soufisme*, Alger, Zaki Bouzid Ed., 2011, p. 56-57.

93. Émile Dermenghem, *Le Culte des saints dans l'islam maghrébin*, Paris, Gallimard, 1954, p. 61.

94. Jean-Pierre Desmoulin, *Jeux identitaires, traces mémorielles et mutations sociales, une anthropologie des populations du Moyen Drâa au Maroc*, Saint-Brice-sous-Forêt, édité par les soins de l'auteur, 2009, chapitre « Les Nouajji de Zagora à M'Hamid ».

95. A. Goldenberg, « Les Représentations animales au Maroc, leurs valeurs dans l'esprit populaire », thèse de doctorat, université de Paris V, 1983, p. 213-214 et, du même, *Bestiaire de la culture*

populaire musulmane et juive au Maroc, Aix-en-Provence, Edisud, 2000, p. 64-65.

96. Cette légende est rapportée par René Brunel dans *Le Monachisme errant dans l'islam. Sidi Heddi et les Heddawa*, Maisonneuve et Larose, 2011, p. 30-31.

97. A. Joly, « Saints de l'islam ». *Revue africaine*, 1908, p. 179-180 ; R. Brunel, *Le Monachisme errant dans l'islam op. cit.*, p. 31.

98. Légende collectée en 1862 par un interprète de l'armée française, cité par A. Certeux et E. Henry Carnoy, *L'Algérie traditionnelle*, Paris, Maisonneuve et Leclerc, 1884, vol. I, p. 66-67.

99. Certes, le mot arabe *ma'z* signifie chèvre et non gazelle, mais la confusion est révélatrice et indique qu'en Afrique du Nord, les deux animaux sont intimement liés et souvent identifiés, comme le sont aussi du reste la gazelle et le mouflon.

100. Édouard de Neveu, *Les Khouan, ordre religieux chez les musulmans de l'Algérie*, Paris, A. Guyot, 1846, p. 52 ; A. Cochu, « Les Khouans », *Revue des deux mondes*, tome II, 1846, p. 333-334.

101. A. Cochu, « Les Khouans », art. cit., p. 333-334.

102. J. C. Bürgel « The Lady Gazelle and her murderous glances », *Journal of Arabic Literature*, vol. XX, n° 1, mars 1989, p. 10.

103. Michael A. Sells, « Ibn 'Arabî's Garden among the Flames: A Reevaluation », *History of religions*, vol. XXXIII, n° 4, May 1984, p. 309.

104. Marquis de Massol, « Le Mont Thessala et la ville d'Aïn-Temouchen (Province d'Oran) », *Revue de l'Orient, de l'Algérie et des colonies*, Paris, Just Rouvier, tome XII, 1852, p. 312.

105. *Le Culte des saints dans l'islam maghrébin, op. cit.* p. 334.

106. Voir P. Walter et D. Lacroix, *Tristant et Yseut, les poèmes français, la saga norroise,* Paris, Le Livre de Poche, 1993, p. 534-538.

107. Phébus, *Le Livre de la chasse, op. cit.*, p. 45 ; dans la page précédente, il avait fait mention, dans la même intention, d'un proverbe populaire : « Après le sanglier le médecin et après le cerf la bière. »

108. *Op. cit.*, p. 25.

109. Philippe le Bel avait joué un rôle décisif dans le transfert du siège de la papauté de Rome en Avignon en 1305 ; la situation se compliqua à partir de 1378 avec deux papes à l'image des grandes fractures de la société médiévale.

110. Ce passage est repris de Christian de Mérindol : « Clément VI seigneur et pape d'après le témoignage et l'emblématique, la chambre

du cerf… » dans *Le Décor des églises en France méridionale XIIIe-milieu XIVe siècles*, Toulouse, Les Cahiers de Fanjeaux, Privat, 1994, n° 28, p. 331-370. Le prédécesseur, Benoît XII, s'était contenté d'une vie plus ascétique, Clément VI fut surnommé « le magnifique ».

111. Avec des reliques et du fromage. Une coupe ciselée représentant une chasse se trouvait dans le trésor de Clément VI.

112. « Jamais ne chevaucherai plus aise »…. que sur son cerf-volant, mais rappel également de l'annonce de l'ermite dans la *Queste de saint Graal* que jamais telle merveille ne se reproduirait.

113. L'épisode ressemblait plus à un rêve de Froissart que de Charles, souligne C. Beaune.

114. Dans le monde germanique, la légende dit que Charlemagne poursuivit un cerf d'Aix-la-Chapelle jusqu'à Zurich, où son cheval s'arrêta devant la tombe de martyres de la légion thébaine du IIIe siècle et s'agenouilla ; l'empereur fit construire sur la place un prieuré pour conserver les reliques. La cathédrale de Grossmünster à Zurich (Églises évangéliques) a été construite ultérieurement sur les lieux. La légende figure dans la présentation touristique des sites Internet. La dotation de grandes abbayes à des membres de la famille carolingienne y fut prolongée par leurs successeurs assurant souvent un contrôle économique et politique sur les lieux (comme la nomination du maire de Zürich par l'abbesse de Fraumünster et la gestion de la monnaie) : une légende fondatrice désignait les filles de Louis le Germanique (843-876), Berthe et Hildegarde, comme ayant été guidées par un cerf jusqu'à une chapelle où elles voulaient aller prier…

115. Les Anglais l'avaient abattu en poussant des cris de joie et révélé ainsi leur position ; lourdement décimé, le célèbre corps des archers anglais ne se reconstitua jamais complètement.

116. Retable portatif ; deux panneaux recto-verso peints entre 1396 et 1397, Londres, National Art Gallery.

117. « Palimpseste et miroir du cerf. Le cerf et la sphère dans le diptyque de Wilton » dans Marie-Claire Rouyer (dir.), *Figures du souverain*, Bordeaux, Presses universitaires de Bordeaux, 1996, p. 33-48.

118. Acteur de la révolte du futur Louis XI, en 1440, il était revenu au parti du roi Charles VII et s'est représenté lui-même en petit chien hésitant entre la voie du grand cerf et celle du daguet (jeune cerf).

119. *La Chasse du cerf*, *op. cit.*, préface de Charles Hallo, p. 10. Les dames de la cour regrettaient qu'il prêtât plus d'attention à ses chiens qu'à elles.

120. Le mythe du retour d'Arthur pouvait ainsi être considéré comme une menace pour la dynastie normande/angevine, d'où le souci de retrouver « officiellement » la tombe du roi breton ou de gloser sur sa disparition avec la Mesnie Hellequin dans des endroits divers en Angleterre ou sous l'Etna (Gervais de Tilbury).

121. Saint guérisseur « insolite », dit A. Lombard-Jourdan, « que nous n'hésiterons pas à classer parmi les avatars tardifs du dieu Cernunos », *Aux origines du carnaval, op. cit.*, p. 205. Les rois anglais ignoraient le rôle de transmetteur de saint Marcoul.

122. *Les Très riches heures du duc de Berry* montrent Mélusine en dragon s'élançant d'une tour du château. Le duc Jean de Berry, frère puîné de Charles V avait reçu dans son apanage le château de la branche éteinte des Lusignan, réunissant dans la famille royale les deux composantes du mythe du cerf et du serpent. Dans *Les Prophécies de Merlin* (XIVe siècle) la reine Guenièvre est dite « serpente couronnée » et Hélène, fille du roi pêcheur « serpente blanche de Corbenic », voir C. Gaignebet, *A plus haut Sens, op. cit.*, tome I, p. 148.

123. Voir Colette Beaune, *Jeanne d'Arc*, Paris, Perrin, 2004.

124. *Illustrations de Gaule et singularitéz de Troie,* Lyon, E. Baland pour G. de Marnef, 1511 et 1512.

125. *Les Raisons de la monarchie* (1551), *L'Apologie de la Gaule* (1552), voir Claude-Gilbert Dubois, « La Mythologie nationaliste » dans *Guillaume Postel 1581-1981*, Paris, Trédaniel, 1985, p. 257-264.

126. Voir la démonstration d'A. Lombard-Jourdan, *Aux origines du carnaval, op. cit.*, p. 30-57.

127. « As-tu observé les biches en travail ?...elles déposent leur portée en plein désert » Jb, 39, 1-4. Un autre animal ennemi des serpents, la belette, était dite concevoir par l'oreille (comme la Vierge-Marie) et donner naissance par la bouche, dans le bestiaire de Guillaume de Normandie.

128. *Op. cit.*, dir., Nicolas-Jean Séd, p. 29-37.

129. Rabelais le qualifie de « grant roy de Paris » ou de roi des *dypsodes*, les « assoiffés » c'est-à-dire les Français, A. Lombard-Jourdan, *Aux origines du carnaval, op. cit.*, p. 57.

130. Une quinzaine de références à Og sont présentes dans le texte sacré, plus dix aux géants en général.

131. *Le Carnaval, op. cit.,* p. 135 et 170.

132. Voir la présentation de Gilles Polizzi dans l'édition de l'Imprimerie nationale, Paris, 1994.

133. *Op. cit.*, p. 166, 174, 182, 326.

134. Catalogue de l'exposition « On-Matsuri and the Sacred Art of Kasuga », *op. cit.* Sept représentations figurent, dont cinq cerfs blancs, un doré et un tacheté.

135. Séverine Durin, « Sur les routes de la fortune, commerce à longue distance, endettement et solidarité chez les Wixaritari (Huichol), Mexique », thèse de doctorat, Paris III, 2003, p. 304-307 ; réf. à Marino Benzi, *Les Derniers Adorateurs du peyotl,* Paris, Gallimard, 1972. Claude Levi-Strauss a rapproché les contes du Graal de mythes nord-américains dans un cours inédit au Collège de France, 1973-1974, cité par C. Gaignebet, *A plus hault sens, op. cit.*, tome I, p. 150.

136. Eveline Lot-Falck, *Les Rites de chasse chez les peuples sibériens*, *op. cit.*, p. 19, 63 ; J.-P. Roux, *Les Traditions des nomades de la Turquie méridionale…*, *op. cit.*, p. 282-283.

137. L. Delaby, *Chamanes toungouses*, *op. cit.*, p. 141.

138. *Histoire secrète des Mongols*, traduction de Paul Pelliot, Paris, Adrien Maisonneuve, 1949, chapitre I.

139. Tchinghiz Aïtmatov, *Il fut un blanc navire*, traduit du russe par Lily Denis, Paris, Éditeurs français réunis, 1971, p. 90-101.

140. Nur Gürani Arslan, « Efsaneden günümüz edebiyatına geyikler ve lanetleri », dans E. Gürsoy Naskali et E. Demir (dir.), *Geyik Kitabı*, *op. cit.*, p. 196 *sq.* Sa poésie « Alageyik » a été rééditée dans Ziya Gökalp, *Kızıl Elma*, édité par Hikmet Tanyu, Ankara, Kültür Bakanlığı, 1976, p. 71-75.

141. V. A. Gordlevskij, « Khozha Akhmed Jasevi », art. cit., p. 368.

142. Rémy Dor, *Chants du toit du monde*, Maisonneuve et Larose, Paris, 1982, p. 87-91.

143. A. Selçuk, *Tahtacılar. op. cit.,* p. 245.

144. C. Stépanoff a attiré l'attention sur cette contradiction qui possède sa logique propre, voir *Chamanisme, rituel et cognition chez les Touvas de Sibérie du Sud*, *op. cit.*, p. 291.

145. S. Kumartaşlioğlu, « Geyik boynuzlarının yatırlarda şifa için kullanımı », art. cit., p. 146.

146. M. Üçer, « Sivas yöresinde geyikle ilgili halk inançları », art. cit, p. 10.

147. V. N. Basilov, *Kul't svjatyh v Islame, op. cit.,* p. 123 ; P. Garrone, « Bestiaire des croyances centrasiatiques », *op. cit.*, p. 17.

148. Mehmet Ateş, *Semboller ve Halılar. Koç Boynuzu – elibelinde* (Symboles et tapis – cornes de béliers et mains-sur-hanches), Istanbul, Yeni Alaş Mat., 1996, p. 153.

149. S. Badamxatan, *Les Chamanistes du Bouddha vivant*, *op. cit.*, p. 88-90.

150. Joannis Schefferi, *Histoire de la Laponie. Sa description, l'origine, les mœurs, la manière de vivre de ses habitans* (1673, Francfort), traduit du latin, Paris, chez la veuve Olivier de Varennes, 1678, p. 85.

151. Par exemple O. Olufsen, *The Emir of Bokhara and His Country. Journey and Studies in Bokhara*, London, Gyldendalske Boghandel, Nordisk Forland Copenhagen, 1911, p. 411 et V. A. Gordlevskij, « Bakha-ud-din Nakshbend Bukharskij (k voprosu o nasloenijakh v islame) » (Bahâ' al-Dîn Naqshband Bukhârî. Sur la question de son héritage en islam), dans *Sergeju Fedorovichu Ol'denburgu*, Leningrad, Akademija Nauk SSSR, 1934, p. 149.

152. T. Zarcone, « Quand le saint légitime le politique : le mausolée de Afâq Khvâja à Kashgar », *Central Asian Survey*, vol. XVIII, n° 2, June 1999, p. 233-234.

153. Joseph Castagné, « Le Culte des lieux saints de l'islam au Turkestan », *L'Ethnographie*, n° 46, 1951, p. 87.

154. T. Zarcone, « Quand le saint légitime le politique : le mausolée de Afâq Khvâja à Kashgar », art. cit. p. 233-234 ; du même, « Le Culte des saints au Xinjiang de 1949 à nos jours », *Journal of the History of Sufism*, Jean Maisonneuve, Paris, n° 3, 2002, p. 141-142.

155. H. Tanyu, *Ankara ve Çevresinde…*, *op. cit.*, p. 112, 155, 157-158.

156. Observation faite en 2013. Voir aussi H. Tanyu, *Ankara ve Çevresinde…*, *op. cit.*, p. 187-8.

157. S. Kumartaşlioğlu, « Geyik boynuzlarının yatırlarda şifa için kullanımı », art. cit., p. 143.

158. Numan Kartal, *İnegöl Folkloru* (Le Folklore d'İnegöl), İnegöl, s.éd., 1998, p. 168.

159. V. N. Basilov, *Kul't svjatyh v Islame*, *op. cit.*, p. 121-122.

160. *Pîrîningnî shâkhnî ziyârat qîl*, en turc oriental : d'après le témoignage du voyageur 'Abd al-Ra'ûf, *Bayânât-i sayyah-i hindî* (Relation d'un voyage en Inde), Istanbul, Mat. Islâmiye, 1914, p. 13. Voir aussi T. Zarcone, « Le Culte de Bahâ' al-Dîn Naqshband à Bukhara (Uzbekistan) », *Journal of Turkish Studies*, n° 19, 1995, p. 231-244.

161. S. Kumartaşlioğlu, « Geyik boynuzlarının yatırlarda şifa için kullanımı », art. cit., p. 144.

162. M. Üçer, « Sivas yöresinde geyikle ilgili halk inançları » art. cit., p. 19.

163. *Ibid.*, p. 18.

164. J.-P. Roux *Les Traditions des nomades de la Turquie méridionale…*, *op. cit.*, p. 281.

165. *Cf.* Rudolf Kriss et Hubert Kriss-Heinrich, *Volksglaube im Bereich des Islam*, Wiesbaden, Otto Harrassowitz, 1962, vol. II, p. 34-36.

166. Cité par Ü. Y. Yeşildal, « Anadolu'da Folklorunda Geyik », *op. cit.*, p. 198.

167. Gaston Bachelard, *La Formation de l'esprit scientifique*, Paris, Vrin, 1993, p. 136-137.

168. M. Üçer, « Sivas yöresinde geyikle ilgili halk inançları » art. cit., p. 19.

169. H. Tanyu, *Ankara ve Çevresinde…*, *op. cit.*, p. 112, 155, 157-158.

170. Feifei Wu *et al*, « Deer antlers base as traditional Chinese medicine : a review of its traditional uses, chemistry and pharmacology », *Journal of Ethnopharmacology*, n° 145, 2013, p. 405.

171. Ü. Y. Yeşildal, « Anadolu'da Folklorunda Geyik », *op. cit.*, p. 93-95, 188-189.

172. V. N. Basilov, *Kul't svjatyh v Islame*, *op. cit.*, p. 123.

173. Concernant cet interdit chez les Yézidis, voir Isya Joseph, « Yezidi Texts », *The American Journal of Semitic Languages*, 25, 1909, p. 226 et 238.

174. İlhan Başgöz, *Türk Bilmeceleri* (Les devinettes turques), Ankara, Kültür Bakanlığı, 1993, vol. I, p. 226.

175. J. C. Schmitt, *Le Saint lévrier, guérisseur d'enfants depuis le* XIII*e siècle* Paris, Flammarion, 2004.

176. Voir É. Baratay, *L'Église et l'Animal (France,* XVII*e-*XX*e siècle)*, *op. cit.*, p. 85-96.

177. É. Baratay, *ibid.* p. 46. En 1776, Louis XV félicitait officiellement le curé de Chapaize, en Bourgogne, qui avait tué un loup de très grande taille.

178. *Disputationem philologico-physicam de sive animali reem in codice diviniori…*, Wittemberg,1711.

179. *Le Sang noir*, *op. cit.*, p. 160-178.

180. Voir Pierre Mollier, « Un emblème maçonnique chrétien au siècle des Lumières », dans J.-P. Brach et J. Rousse-Lacordaire

(dir.), *Etudes d'histoire de l'ésotérisme,* Paris, Cerf, 2007, p. 171-182. Le rapprochement avec les textes ésotériques de Duchanteau et du père Sabbathier, *L'Ombre idéale de la sagesse universelle,* 1679, se trouve indiqué dans des comptes rendus issus des cercles dirigeants du Grand Orient de France.

181. La fameuse *Bibliothèque du clergé* de l'Abbé Migne (1844-1873) comportait un *Dictionnaire des légendes…histoires apocryphes ou merveilleuses* (Douhet, 1850) et un *Dictionnaire iconographique de figures, légendes et actes des saints…* (Guénebault, 1850).

182. C'est la définition de la tradition donnée par saint Vincent de Lérins m. 445.

183. T2, Tusculum.

184. La *Clef* n'était, pour certains, qu'un manuel pour curés ignares, des passages étaient copiés directement sur les *Morales sur Job* de Grégoire le Grand (540 ?-604), sur saint Eucher (370-450) ou saint Jérôme. L'argument était réversible, l'absence de thèmes majeurs comme le « rajeunissement » du cerf ou de l'aigle allait aussi bien dans le sens inverse de l'absence d'un code. Voir J.-P. Laurant, *Symbolisme et Écriture, le cardinal Pitra et la Clef de Méliton de Sardes,* Paris, Cerf, 1988.

185. Travail titanesque dont témoignent les archives de l'Abbaye Sainte-Marie de la Source à Paris. Dom Legeay abandonna, peu soucieux de s'exposer aux attaques de « l'hypercritique ».

186. L'étoile de la *Symbolique* de Creuzer avait commencé à pâlir en Allemagne dès les années 1820.

187. Paris, Poussielgue, 1867.

188. Certains ermites le sont restés, tel saint Siméon solitaire en Asie ou saint Yvon en Bohême.

189. *Mélanges d'archéologie*, Arras, 1877.

190. « Le Cerf, étude de zoologie mystique au Moyen Âge », *Revue de l'art chrétien* 1864, tome VIII, p. 543 et suiv.

191. Lc, 8, 32-33.

192. Le « saut du cerf » glosé par Bruno d'Asti (1048-1113) sur Is, 35, 6 ou le passage dans le vocabulaire courant de l'expression « dresser l'oreille », repris de Pline et Isidore pour qualifier les cervidés à l'écoute, lui ont inspiré des réflexions bienvenues.

193. Paroisses de Arcy-Sainte-Restitue et Maast-et-Violaine ; voir Jean-Marc Bélot, *Reliquaires, étranges processions et Templiers de l'est soisonnais*, Crépy-en-Valois, Éd. Du Galtz, 2002.

194. Première éd. Bruxelles, Desclée de Brouwer. Il ne reprenait pas à son compte l'attribution à l'évêque du second siècle. L'aspect moralisateur restait très présent, L.-A. Charbonneau-Lassay consacrant un chapitre au « cerf modèle de la famille chrétienne », qui ne pouvait avoir été tiré de l'observation de son comportement au brame.

195. Les dernières tailles connues datent de 1926.

196. Paris, Fischbacher, dans la même collection que Albert Réville, père fondateur de la section des « sciences religieuses » de l'École pratique des Hautes Etudes succédant à la Faculté de théologie de la Sorbonne. *Le Livre…*., tome III, p. 291.

197. Meute de trente-six chiens, selon Ovide ; leurs noms : Spartos, Argos, Borée accréditaient pour Lanoe-Villène la thèse de l'interprétation politique.

198. L'ensemble de la pensée ésotérique et occulte, théorisée dans la première moitié du XIXe siècle, eut recours à cet argument de la transmission cryptée dans les sanctuaires, rendue nécessaire par l'incompréhension populaire.

199. Les cerfs nageant en groupe décrits par Oppien étaient « au sens occulte les anachorètes qui fuient le monde et peuvent se transporter là où ils veulent ». L'auteur relève alors la traduction de Nemrod, « chasseur héroïque devant le Seigneur », Gn, 10, 9 dans les *Septante* par *nebrod* ou *nebros* : faon en grec.

200. Voir Agnès Delannoy dans *La Légende de saint Huber*t, Paris, Somogy, 1999, direction collective des conservateurs du musée de la Chasse et de la Nature, p. 7.

201. Bruxelles, Méline, 1842.

202. Le « saut du cerf » pour se dégager d'une enceinte s'effectue fréquemment par-dessus des automobiles.

203. *Le Sang noir…*, *op. cit.* p. 273-284. « Que saint Hubert chasse la rage du monde et la fureur des hommes », *Cahier des pèlerins,* 1990. Le douzième centenaire de saint Hubert fut célébré solennellement en Belgique sous l'égide du comte de Mérode, grand maréchal du royaume, en 1927.

204. Dans la *Chronique du règne de Charles IX* (1829), Mérimée mettait en scène le roi abattant le cerf hallali en lui coupant le jarret avant de le servir, et un commentaire à haute voix d'un assistant soulignait : « le roi à l'air d'un boucher ». Les dames, invitées à la chasse royale au cerf, étaient exclues de celle plus « guerrière » du sanglier, héritage de l'Antiquité ?

205. Un véritable militantisme « animalitaire » a pu voir le jour, dans le monde anglo-saxon principalement, tendant à confondre homme et animal, voir Jean-Pierre Digard, « La Nature, culture de la vénerie » dans *Vénerie carrefour des arts »*, supplément au n° 191 de *Vènerie*, 2013, p. 8-14.

206. N° 28, été 1973. Oublieux de Cernunos, l'auteur entreprit « d'extraire du profond oubli où les siècles chrétiens l'ont enfoui, le porc sauvage de nos ancêtres », p. 3.

207. Néanmoins, le succès mondial d'Astérix a rendu au sanglier la vedette.

208. *Blanche Neige...* film de Rupert Sanders, 2011 ; *L'Aigle...*, film de Kevin Macdonald, 2011.

209. Huit films ont été tirés des romans de Rowling. Les termes de « animagus » et celui, totémique, de « patronus » sont utilisés ; nombre de sites Internet exploitent les produits dérivés invitant à choisir son « animagus », à acheter des coloriages de cerf ou des boucles d'oreilles.

210. Une jeune princesse, en mal d'amour, lui avait dit : « Louis, toutes les nuits je rêve que vous grimpez sur moi comme un cerf. »

211. La première image du film montre un paysage montagneux boisé portant l'inscription : « À l'origine la forêt couvrait tout le territoire. »

212. Série américaine de David Benioff, 2016.

213. Versailles, Feryane, 2006.

214. L'auteure revient plusieurs fois sur la recommandation de « porter les bois » alors qu'elle développe une intrigue amoureuse entre la femme du commissaire et un de ses adjoints.

215. Voir *La Légende de saint Hubert..., op. cit.* La démarche de recherche spirituelle, bien commun des peintres *Nabis* (prophètes) et de Pont-Aven, conduisit Gauguin à Tahiti, Sérusier vers la kabbale, Filiger, Denis, ou Verkade vers le catholicisme...

216. Denys Cochin chassait depuis 1985 dans l'équipage du comte Greffulhe en forêt de Villefermoy, près de Melun, portant les couleurs de l'équipage. Il y invita Maurice Denis qui fit de nombreux croquis.

217. L'ensemble se trouve exposé au musée Maurice-Denis, au « Prieuré » à Saint-Germain-en-Laye. Le cerf n'est pas assimilé au Christ et sa ramure tirée dans le sens du végétal.

218. L'évêque de Soissons installé en 2016 a pris dans ses armes un cerf se désaltérant à la rivière.

219. L'église avait été en partie détruite par des chutes de rochers en 1942.

220. Voir Marie-Jeanne Coloni, *Madeline Diener, sculptures et mosaïques*, Saint-Maurice, Saint-Augustin, 2011, qui a accompagné Madeline Diener toute sa vie durant. L'abbaye se trouve sur les lieux du martyre de la « légion thébaine » dont le chef Maurice fut exécuté avec nombre de ses hommes pour refus d'obéissance à l'empereur Maximin à la fin du IIIe siècle. M. Diener connaissait les modèles nord-africains et romains et les avait médités.

221. Article du 24 février 2016 ; l'ordre disposait à cette date d'un site Internet : www.iosh-usa.com comportant emblème et devise : un massacre de cerf sur une croix pattée et *Deum diligite animalia diligentes,* honorez Dieu en honorant ses créatures.

222. Le site Internet : www.tattoome.com (2016), par exemple, est renouvelé en permanence. L'Encyclopédie en ligne « Wikipedia » rappelle de son côté le lien entre tatouage et passage, initiation. La mode a pu recouper celle de l'astrologie, associant le cerf au signe des Gémeaux.

223. Une représentation de tête de cerf diabolisée figure sur le site indiqué dans la note précédente, ainsi que celle du cerf-volant des rois de France. Un exemple est donné également d'un sceau de Salomon (étoile à six branches) entre les bois.

224. Le parc est ouvert occasionnellement au public.

Bibliographie

Sources

‘Abd al-ra’ûf. *Bayânât-i sayyâh-i hindî* (Relation d’un voyage en Inde). Istanbul, Mat. Islâmiye, 1914 (en persan).

Adam De La Halle. *Le Jeu de la feuillée*. Édité par J. Dufournet. Gand, Story-Scientia, 1977.

Aïtmatov, Tchinghiz. *Il fut un blanc navire*. Traduit du russe par Lily Denis. Paris, Éditeurs français réunis, 1971.

Ambroise de Milan. *Œuvres complètes. Patrologie latine*. Turnhout, Brepols, 1985-1993. Édité par J. P. Migne, 1845.

—, *De interpretatione in Job*, tome XIV, *idem*.

Appien. *Histoire romaine*. Paris, Les Belles Lettres, 1997.

Aristote. *Histoire des animaux*. Paris, Les Belles Lettres, 1964-1969, 3 vols.

Arrien et Oppien d’Apamée. *L’Art de la chasse*. Paris, Les Belles Lettres, 2009.

Artistes mandchous. Liu Baoping. Album de peintures. Pékin, Minzu Chuban, 1995 (en chinois).

Augustin, St., *Commentaires sur les psaumes*. Édité par J. P. Migne, *Patrologie latine*, tome XXXVI, 1841.

Bao Xingjun. *A’ertai shan yanhua tulu* (Catalogue de pétroglyphes de l’Altaï). Wulumuji (Chine), Xinjiang renmin chubanshe, 2006 (en chinois avec une introduction en anglais).

BERNARD DE CLAIRVAUX, St., *Sermons*. Éd. Ratisbonne, Bar-le-duc, Louis Guérin, 1870, 5 vols.

Bible. Principales références : Deutéronome, Psaume 41, Cantique des Cantiques, saint Paul, Galates.

BINYAZAR, Adnan. *Âşık Veysel*. Istanbul, Doğan Egmont, 2015.

CHRÉTIEN DE TROYES, ROBERT DE BORON. *Érec et Énide*. Édité par M. Roques, R. Louis. Paris, H. Champion, 1984.

COLONNA, Francesco. *Le Songe de Poliphile*. Paris, Imprimerie nationale, 1994, 2d. Gilles Polizzi.

Concordance biblique. *TOB*, Paris, Cerf, 1998.

COWELL, E. B. *The Jâtaka or the Stories of the Buddha's Former Birth*. Cambridge, Cambridge University Press, 1895.

CERTEUX, A., et CARNOY, E. Henry. *L'Algérie traditionnelle*. Paris, Maisonneuve et Leclerc, 1884, vol. I.

CYRIL. *Perigrafi tes arxisatrapias Ikoniu*. Constantinople, 1815 (en grec).

DESMOULINS, François. « Traité des vertus cardinales », Manuscrit BnF fr. 12247.

DOR, Rémy. *Chants du toit du monde*. Maisonneuve et Larose, Paris, 1982.

DU FOUILLOUX, Jacques. *Traité de vénerie*, Poitiers par les de Marnefz et Bouchetz, 1561.

ÉTIENNE DE BOURBON. *Anecdotes historiques, légendes et apologues*. Édité par A. Lecoy de La Marche. Paris, Loomes, 1877.

—, *Tractatus de diversis materiis praedicabilibus*. Livre I. Dans *Corpus Christianorum*. Turnhout, Brepols, 2002, tome CXXIV.

EURIPIDE. *Théâtre*. Traduit par H. B. Berguin et G. Duclos. Paris, Garnier, 1954.

EUSÈBE DE CÉSARÉE. *Historiae ecclesiasticae*. Édité par J. P. Migne, *Patrologie latine*, tome XX.

FERRIÈRES, Henri de. *Le Livre du Roy Modus et de la Royne Ratio*. Édité par Gunnar Tilander. Lund, Ohlsson, [1895] 1932.

FRANÇOIS DE SALES. *Traité de l'amour de Dieu*. Paris, monastère de la Visitation, 1976.

FROISSART, Jean. *Melyador*. Édité par N. Bragantini-Maillard. Genève, Droz, [1895] 2012.

GALLUS, Thomas. *Un Commentaire vercellien du Cantique des Cantiques*. Turnhout, Brepols, 2005.

GALAND-PERNET, Paulette. *Recueil de poèmes chleuhs 1. Chants de trouveurs*. Paris, Klincksieck, 1972.

GEDIKLI, Fethi. « Geyik Destanı » (L'Épopée du cerf). Dans E. Gürsoy Naskali et E. Demir (dir.). *Geyik Kibabı* (Le Livre du cerf). Istanbul, Kitabevi, 2013, p. 119-140 (en turc).

GEOFFROI DE MONMOUTH. *Vita Merlini, Vie de Merlin*. Traduction et notes de N. Desgrugillers, Clermont-Ferrand, éd. Paleo, 2013.

GERVAIS DE TILBURY. *Le Livre des merveilles*. Traduction de A. Duchesne. Paris, Les Belles Lettres, [1673], 1992.

GÖKALP, Ziya. *Kızıl Elma* (La Pomme rouge). Édité par Hikmet Tanyu. Ankara, Kültür Bak., 1976 (en turc).

GRÉGOIRE DE TOURS. *Historia Francorum, Histoire des Francs*. Paris, Les Belles Lettres, 1963-1965, II, 37.

GRÉGOIRE LE GRAND. *Morales sur Job*. Paris, Cerf, 1975.

GUÉNÉBAULT. *Dictionnaire des figures, des légendes*. Édité par J.-P. Migne. Paris, au Petit-Montrouge, 1850.

GUILLAUME DE NORMANDIE. *Le Bestiaire divin*. Édité par C. Hippeau. Caen, Hardel, 1852.

GÜZEL, Abdurrahman. *Abdal Mûsâ Velâyetnâmesi* (Testament/Geste de Abdâl Mûsa). Ankara, Türk Tarih Kurumu, 1999 (en turc).

—, *Bakırgan Kitabı* (Le Livre de Bakırgan). Ankara, Öncü Kitap, 2007 (en turc oriental).

HACI BEKTÂŞ-I VELI. *Velâyetnâme* (Testament/Geste). Édité par Hamiye Duran, Ankara, Türkiye Diyanet Vakfı Y., 2007 (en turc).

HACI BEKTÂŞ. *Vilâyet-nâme. Manâkıb-ı Hünkâr Hacı Bektâş-ı Veli* (Testament/Geste du Souverain Hacı Bektach Veli). Édité par Abdülbaki Gölpınarlı. Istanbul, İnkılâp Kitabevi, 1958 (en turc).

Hakîm Atâ Risâlasi - Legenda pro Hakim'-Ata. Édité par K. G. Zaleman', Saint-Pétersbourg, 1898 (en turc oriental).

Histoire de Grisandole. Dans *Le Livre du Graal*. Édité par P. Poirion. Paris, NRF, Gallimard, [1907], 2001.

Histoire secrète des Mongols. Traduction de Paul Pelliot. Paris, Adrien Maisonneuve, 1949.

HOMÈRE. *Iliade*. Paris, Garnier, 1955.

HOYLAND, Gilbert d'. *Sept traités, lettres et sermons*. Pierre-Yves Emery, Pain de Citeaux, n° 9, Québec, [1870] 1996.

HUGUES DE SAINT-VICTOR. « *De bestiis et aliis rebus* ». *Patrologie latine*, tome CLXXVII, 1854.

IBN KATHÎR. *Al-Bidâya wa-l-nihâya*. Beyrouth, Maktaba al-ma'ârif, 1980. Traduction en turc : İbn Kesîr. *El-Bidâye ve'n-Nihâye. Büyük İslam Tarihi*. Traduction de Mehmet Keskin, Istanbul, Çağrı Yay., 1994 (en arabe).

ISIDORE DE SÉVILLE. *Etymologiae*. Édité par J. P. Migne. *Patrologie latine*, tome LXXXII, 1850.

—, *Étymologies*, Paris, Les Belles Lettres, 1981.

JEAN DAMASCÈNE, St. *De imaginibus oratio*, III. Édité par J. P. Migne, *Patrologie latine*, tome I.

—, *Opera omnia. Patrologie grecque*. Édité par J. P. Migne, tome XLVII-XLVIII, 1860.

JEAN DE LA CROIX, St. *Œuvres spirituelles de saint Jean de la Croix*. Paris, Seuil, 1947.

JÉRÔME, Saint. *Breviarum in Psalmos*. Édité par J. P. Migne, *Patrologie latine*, tome XXVI.

JIA, Ying-si. *The Selection of Xinjiang's Mural Drawings*. Urumchi, Xinjiang Fine Arts and Photographing Press, 1993 (en chinois).

JOSEPH, Isya. « Yezidi Texts ». *The American Journal of Semitic Languages*, 25, 1909, p. 218-254.

Karaca Ahmet Sultan Menâkıbnâmesi (Testament/Geste de Karaca Ahmet Sultan). Édité par H. Dursun Gümüşoğlu. Istanbul, Alevi Vakıfler Federasyonu, 2013 (en turc).

Karlamagus saga, (La). Histoire islandaise de Charlemagne. Édité par Gaston Paris. Paris, bibliothèque de l'École des Chartes, 25e année, 1864.

KEMAL, Yaşar. *Üç Anadolu Efsaneleri* (Trois légendes d'Anatolie). Istanbul, Yapıkredi Yay., [1967], 2003 (en turc).

La Chanson de Roland. Édité par Pierre Jonin. Paris, Gallimard, [1834] 1979.

Lais anonymes de Bretagne, Tyolet. Édité par N. Desgrugillers. Clermont-Ferrand, éd. Paléo, 2003.

LAMBSPRINCK, (LAMBSPRING). *Traité de la pierre philosophale*. Traduction de R. Bernard. Paris, Denoël, 1972.

Le Livre de Dede Korkut. Récit de la Geste oghuz. Traduction de Louis Bazin et Altan Gökalp. Paris, Gallimard, 1998.

LEMAIRE DE BELGES. *Illustrations de Gaule et singularitéz de Troie*. Lyon, E. Baland pour G. de Marnef, 1511 et 1512.

Les Continuations de Perceval. Dans Sergio Cigada. *La Leggenda medievale del cervo bianco e le origine della « matière de Bretagne »*. Roma, Academia nazionale dei Lincei, 1965, p. 11-17.

Lombard, Pierre. *Commentaire des Psaumes*. Édité par J.P. Migne, *Patrologie latine*, tome XCI.

Mahmud Cemaleddin El-Hulvî. *Lemezât-ı Hulviyya ez Lemezât-ı ulviyye*. Édité par Serhan Tayşi. Istanbul, Marmara Üniversitesi İlahiyat Fakültesi, 1993 (en turc ottoman).

Map, Walter. *De nugis curialium ; Contes pour gens de cour*. Édité par Alan K. Bate. Turnhout, Brépols, 1993.

Matton, Sylvain (dir.). *Documents oubliés sur l'alchimie, la kabbale et Guillaume Postel, offerts à François Secret*. Genève, Droz, 2001.

Mylius, Johann. *Anatomia Aurea...* Francfort, L. Jennis, 1628.

Nennius. *Historia Brittonum*. Mouzeuil-Saint-Martin, Bès éd., 2003.

Neufville, Nicolas de. *La Chasse du cerf de Charles IX*. Première édition 1625. Paris, Éditions de l'Ibis, 1945.

Nicolas de Nicolay. *Les Navigations, pérégrinations et voyages faicts en la Turquie par Nicolas de Nicolay*. Anvers, 1576.

Obsequens, Julius. *Le Livre des prodiges*. Édité par V. Verger. Paris, Everat, 1825.

Ogier Ghiselin de Busbecq. *Les Lettres turques*. [1633]. Traduites du latin par Dominique Arrighi. Paris, Honoré Champion, 2010.

Orderic, Vital (dir.). *The Ecclesiastical History*. Oxford, Clarendon Press, [1826], 1960-1990, 6 vols.

Pausanias. *Voyage historique de la Grèce*. Traduction de l'abbé Gédoyn. Paris, Nyon, 1731.

Pétrarque. *Il Canzoniere*. Rome, Mondadori, 1985.

Phébus, Gaston. *Le Livre de la chasse*. Paris, Philippe Lebaud, [1507], 1986.

Physiologus arménien. Édité par J. B. Pitra, 1883.

Physiologus Latinum. Édité par. J. Carmody. Paris, Droz, 1939.

Pline L'Ancien. *Histoire naturelle*. Paris, Gallimard, 2013.

Plutarque. *Vie de Sertorius,* Paris, A. Delalain, 1833.

Postel, Guillaume. *L'Apologie de la Gaule*. Paris, S. Nivelle, 1552.

—, *Les Raisons de la monarchie*. Paris, s.n., 1551.

Psautier Chludov, Moscou, musée d'Histoire, ms. D 29.

Raban Maur. *De universo*. Édité par J. P. Migne, *Patrologie latine*, livre VII, 8, tome CXI, 1851-1852.

Rabelais. *Œuvres complètes*. Édité par J. Boulenger et L. Scheler. Paris, Gallimard, 1990.

Rachi. *Pentateuque*. Paris, Comptoir du Livre Kéren Hasefer, 1957, vol. II.

RÛMÎ [Mevlânâ Jalâl al-Dîn Rûmî]. *Le Livre du dedans*. Traduit du persan par Eva de Vitray-Meyerovitch. Paris, Sindbad, 1982.

SABBATHIER, Esprit. *L'Ombre idéale de la sagesse universelle*. [1679]. Milan, Archè, 1998.

SCHEFFERI, Joannis. *Histoire de la Laponie. Sa description, l'origine, les mœurs, la manière de vivre de ses habitans*. (1673, Francfort). Traduit du latin. Paris, chez la veuve Olivier de Varennes, 1678.

SIPOS, JÁNOS et TAVKUL, Ufuk. *Karachay-Balkar Folksongs*. Budapest, Institute for Musicology of the Research Centre for the Humanities of the Hungarian Academy of Sciences, L'Harmattan, 2015.

TABARÎ. *Tarih-i Taberî Tercemesi* (Traduction de l'Histoire de Tabarî - *Tâ'rîkh al rusûl wa al-mulûk*), Konya, Can Kitabevi Mustafa Can, 1982 (en turc).

—, *The History of al-Tabarî*. Traduction de W. Montgomery Watt et M. V. McDonald. New York, State University of New York Press, 1988.

Tam Mevlidi Şerif. Meşhur Mevludları ve Mevlud Hikâye ve İlahilerini Havidir (Tout le Mevlid. Comprenant les mevlud célèbres, les contes et les chants du mevlud). Istanbul, Ikbal Kitabevi, 1935 (en turc).

TAVKUL, Ufuk. *Karaçay-Malkar Destanları* (Épopées Karaçay-Malkar). Ankara, Türk Dil Kurumu Y., 2004.

TEKCAN, Münevver. *Hakîm Ata Kitabı*. Ankara, Beşir Kitabevi, 2007 (en turc oriental).

TERTULLIEN. *Œuvres, de la pénitence* et *de la couronne du soldat*. Paris, Vivès, 1852.

Tristan et Yseut, les poèmes français, la saga norroise. Édité par P. Walter et D. Lacroix, Paris, Le Livre de Poche, [1520], 1993.

VALÈRE MAXIME. *Factorum et dictorum memorabilium libri novem*. Édité par Carolus Kempf, Leipzig, Teubner, 1888.

VORAGINE, Jacques de. *La Légende dorée,* Édité par Alain Boureau, Paris, Gallimard, [1481], 2004.

WITSEN, N. *Noord en Oost Tartarye, ofte bondig ontwerp van eenige dier landen en volken, welke voormaels bekent zijn geweest*. Amsterdam, Halma, 1705.

YEATS, W. B. *Writing on Irish Folklore, Legend and Myth*. Londres, Penguin Books, 1993.

Études

ADILOĞLU, Adilhan. « Biynöger ve Kococaş Destanları arasında benzerlikler » (Ressemblances entre les épopées de Biynöger et Kococaş). *Turkish Studies*, vol. II-IV, automne 2007, p. 51-83 (en turc).

AGNEW, NEVILLE, DEMAS, MARTHA, et XUDONG, WANG. « The Enduring Collaboration of the Getty Conservation Institute and the Dunhuang Academy in Conservation and Management at the Buddhist Cave Temples of Dunhuang ». *The Public Historian*, vol. XXXIV, n° 3, été 2012, p. 7-20.

AND, Metin. *Oyun ve Büğü. Türk Kültüründe Oyun Kavramı* (Chamanisme. Le concept de danse dans la culture turque). Istanbul, Yapı Kredi Y., 1981 (en turc).

ARSLAN, Nur Gürani. « Efsaneden günümüz edebiyatına geyikler ve lanetleri » (Les cerfs et leurs malédictions de la légende à la littérature d'aujourd'hui). Dans Gürsoy Naskali, Emine et Demir, Erkan (dir.). *Geyik Kitabı* (Le Livre du cerf). Istanbul, Kitabevi, 2013, p. 189-208 (en turc).

ATEŞ, Mehmet. *Semboller ve Halılar. Koç Boynuzu – elibelinde* (Semboles et tapis – cornes de béliers et mains-sur-hanches). Istanbul, Yeni Alaş Mat., 1996 (en turc).

ATNUR, Gülhan. « Kozı Körpeş ile Bayan Sulu destanında geyik motifi » (Le motif du cerf dans les épopées de Kozı Körpeş et Bayan Sulu). *Ankara Üniversitesi Türkiyat Araştırmaları Enstitüsü Dergisi*, n° 28, 2005, p. 213-222 (en turc).

AVCI, Ali Haydar. *Abdalan-ı Rum ve Geyikli Baba* (Les Abdal de Roum et Geyikli Baba). Istanbul, La Kitab, 2015 (en turc).

AVRIL, F. et RAYNAUD, N. *Les Manuscrits à peintures en France, 1440-520*. Paris, BnF Flammarion, 1993.

AYZAC, Félicie d'. « Le cerf, étude de zoologie mystique au Moyen Âge ». *Revue de l'art chrétien* 1864, t. VIII.

BACHELARD, Gaston. *La Formation de l'esprit scientifique*. Paris, Vrin, 1993.

BADAMXATAN, S. *Les Chamanistes du Bouddha vivant*. Nanterre, Études mongoles et sibériennes, 1986.

BARATAY, Éric. *L'Église et l'Animal (France, XVIIe-XXe siècle)*. Paris, Cerf, 1996.

BARBIER DE MONTAULT, Mgr. *Mélanges d'archéologie*. Arras, Société d'archéologie du Pas-de-Calais, 1877.

BAŞGÖZ, İlhan. *Türk Bilmeceleri* (Les devinettes turques). Ankara, Kültür Bakanlığı, 1993, 2 vols. (en turc).

BASILOV, V. N. « Nekotorye perezhitki kul'ta predkov u Turkmen » (Sur quelques survivances du culte des ancêtres chez les Turkmènes). *Sovetskaja ètnografija*, 5, septembre-octobre 1968, p. 53-64 (en russe).

—, *Kul't svjatyh v Islame* (Le Culte des saints dans l'islam). Moskva, Izdatel'stvo Mysl', 1970 (en russe).

BEAUNE, Colette. « Costume et pouvoir à la fin du Moyen Âge : Les devises royales vers 1400 ». *Revue des sciences humaines,* T.LV-N° 183, juil-sept 1981, p. 123-143.

—, *Jeanne d'Arc*. Paris, Perrin, 2004.

BELOT, Jean-Marc. *Reliquaires, étranges processions et Templiers de l'Est soissonnais*. Crépy-en-Valois, éd. Du Galtz, 2002.

BERTHOLET, Jean. *Histoire ecclésiastique et civile du duché de Luxembourg*. Bruxelles, éd. Culture et civilisations, 1973.

BIEDERMANN, Hans. *Knaurs Lexicon der Symbole*. München, O. J. Biedermann, 1989.

BLONDEAU, Anne-Marie et KARMAY, Samten G. « "Le Cerf à la vaste ramure": en guise d'introduction ». Dans Blondeau, Anne-Marie et Schipper, Kristofer (dir.). *Essais sur le rituel*, Louvain-Paris, Peeters, bibliothèque de l'École des Hautes Etudes – section des sciences religieuses, 1988, p. 119-146.

BORATAV, Pertev Naili. *100 soruda Türk Folkloru* (Le Folklore turc en 100 questions). Istanbul, Türk Halkbilimi, 2003 (en turc).

BRUNEL, René. *Le Monachisme errant dans l'islam. Sidi Heddi et les Heddawa*. Maisonneuve et Larose, 2011.

BOURGNE, Florence. « Palimpseste et miroir du cerf. Le cerf et la sphère dans le diptyque de Wilton ». Dans Rouyer, Marie-Claire (dir.). *Figures du souverain*, Bordeaux, Presses de l'université de Bordeaux, 1996, p. 33-48.

BOVON, F. et GEOLTRAIN, P. *Apocryphes chrétiens*. Paris, Gallimard, 1997.

BOYER, Régis. *La Religion des anciens Scandinaves*. Paris, Payot, 1981.

BREUIL, abbé Henri. *Quatre cents siècles d'art pariétal. Les cavernes ornées de l'âge du renne*. Paris, CEDP, Montagnac Dordogne, 1952.

BÜRGEL, J. C. « The Lady Gazelle and her murderous glances ». *Journal of Arabic Literature*, vol. XX, n° 1, mars 1989, p. 1-11.

BÜYÜKOKUTAN, Aslı. « Avlılıkla ilgili inanışlar ». Dans Gürsöy Naskali, Emine et Oytun Haltun, Hilal (dir.). *Av ve Avcılık Kitabı* (Le Livre de la chasse et des chasseurs). Istanbul, Kitabevi, 2008, p. 455-477 (en turc).

CABROL, Dom. *Dictionnaire d'archéologie chrétienne et de liturgie*. Paris, Letouzey, 1924.

ÇAĞATAY, Saadet. « Karaçay halk edebiyatında avcı Bineger » (Le chasseur Bineger dans la littérature populaire karachay). Dans *Fuad Köprülü Armağanı*. Istanbul, Ankara Üniversite Dil ve Tarih Coğrafya Fakültesi, 1953, p. 93-112 (en turc).

—, « Türk halk edebiyatında geyiğe dair bazı motifler » (Quelques motifs ayant trait au cerf dans la littérature populaire turque). *Türk Dili Araştırmaları Yıllığı*, 1956, p. 153-177 (en turc).

ÇAĞIMLAR, Zekiye. « Kastamonu halk kültürü içinde yatır-ziyaret inancı ve bu inanç çerçevesinde Şeyh Şaban-Veli etrafında oluşturulan efsaneler » (La Croyance au saint et au pèlerinage dans la culture populaire à Kastamonu et les légendes qui se sont développées en relation avec cette croyance autour de Şeyh Şaban-ı Veli). Dans *İkinci Kastamonu Kültür Sempozyumu Bildirileri, 18-20 Eylül 2003*, Kastamonu, Kastamonu Valiliği, 2005, non paginé (en turc).

CAHIER, Charles. *Caractéristiques des saints dans l'art populaire*. Paris, Poussielgue, 1867.

CAMPS, G. « Cerf ». *Encyclopédie berbère*. Aix-en-Provence, Édisud, 1993, vol. XII.

CAREL DE ROOY. F. *La Vie de saint Hubert dite d'Hubert Le Prévost*. Zwolle, W. Tjeenk Willlink, 1958.

CASTAGNÉ, Joseph. « Le Culte des lieux saints de l'islam au Turkestan ». *L'Ethnographie*, n° 46, 1951, p. 46-124.

Catalogue de l'exposition *On-Matsuri and the sacred art of Kasuga*. Décembre 2013-janvier 2014, Nara National Museum, Japon.

CÉSAR, Jules. *Guerre des Gaules*. Paris, Hatier, 1954, VI, 18.

ÇEVIRME, Hülya. « Alageyik efsanesi üzerine bir inceleme » (Une étude sur la légende du cerf). *Ankara Üniversitesi Türkiyat Araştırmaları Enstitüsü Dergisi*, n° 13, 1999, p. 251-254 (en turc).

CHARBONNEAU-LASSAY, Louis-Auguste. *Le Bestiaire du Christ*. Milano, Archè, 1981.

CHAVANNES, Édouard. *Documents sur les Tou-kiue (Turcs) occidentaux*. Saint-Pétersbourg, Académie impériale des sciences de Saint-Pétersbourg, 1903.

CIGADA, Sergio. *La Leggenda medievale del Cervo Bianco e le origine della « matière de Bretagne »*. Roma, Academia nazionale dei Lincei, 1965.

CLOTTES, Jean et LEWIS-WILLIAMS, D. *Les Chamanes de la préhistoire*. Paris, Seuil, 1996.

COLLINS, Billie Jean. « On the trail of the deer : Hittite kürala- ». Dans Beckman, Gary, Beal, Richard, and McMahon, Gregory (dir.). *Hittite Studies in Honor of Harry A. Hoffner Jr. : on the Occasion of his 65th Birthday*. Winona Lake (Indiana), Eisenbrauns, 2003, p. 73-82.

COLONI, Marie-Jeanne. *Madeline Diener, sculptures et mosaïques*. Saint-Maurice, Saint-Augustin, 201.

COCHU, A. « Les Khouans ». *Revue des deux mondes*, tome II, 1846, p. 328-345.

CREUZER, Friedrich. *Symbolik und Mythologie der alten Völker*. Leipzig, Leske, 1810-1812.

CRIGEL, M.-H., BALLIGAND, V. et HEINEN, E. « Les Bois de cerf : revue de littérature scientifique ». *Annales de médecine vétérinaire*, 145, 2001, p. 27-29.

CUNBUR, Müjgan. « Folklorumuzda 'geyik'motifi üzerine » (Sur le motif du cerf dans notre folklore). Dans *II. Milletlerarası Türk Folklor Kongresi Bildirileri*. Ankara, Başbakanlık Bak., 1982, vol. II, p. 71-94 (en turc).

DELABY, Laurence. *Chamanes toungouses*. Nanterre, Études mongoles et sibériennes, cahier 7, 1976.

DELANNOY, Agnès. *La Légende de saint Hubert*. Sous la direction des conservateurs du musée de la Chasse et de la Nature Paris, Somogy, 1999.

DEMIDOV, S. M. *Turkmenskie Ovljady* (Les *Aulâd* Turkmènes). Ashhabad, Ylym, 1976 (en russe).

—, « Perezhitki doislamskikh verovanij sredi Turkmen » (Survivances de croyances préislamiques chez les Turkmènes). Dans Bajramsahatov, N. (dir.). *Religioznye perezhitki i puti ikh preodolenija ve Turkmenistane*. Ashkabad, Ylym, 1977, p. 109-150 (en russe).

DEMIR, Erkan. « Türkülerde geyik » (Le cerf dans les chansons populaires). Dans Gürsoy Naskali, Emine et Demir, Erkan (dir.). *Geyik Kitabı* (Le Livre du cerf). Istanbul, Kitabevi, 2013, p. 141-175 (en turc).

Demirci, Yusuf Ziya. *Yürükler ve Köylülerde Hikayeler* (Les Contes chez les Yürük et chez les villageois), Istanbul, Güneş Mat., 1934 (en turc).

Dermenghem, Émile. *Le Culte des saints dans l'islam maghrébin*. Paris, Gallimard, 1954.

Desmoulin, Jean-Pierre. *Jeux identitaires, traces mémorielles et mutations sociales, une anthropologie des populations du Moyen Drâa au Maroc*. Saint-Brice-sous-Forêt, édité par les soins de l'auteur, 2009.

Deweese, Devin. « The Yasavî Sufi Tradition and the Problem of Shamanic Survivals ». Communication présentée au colloque "Le Chamanisme", organisé par R. Hamayon, Chantilly, septembre 1997 (texte imprimé de 8 pages).

—, « Shamanism in Central Asia ». *Social History of the Orient*, 57, 2014, p. 326-363.

Digard, Jean-Pierre. « La Nature, culture de la vénerie ». Dans *Vénerie carrefour des arts*. Actes du colloque avril 2013. Paris, Société de vénerie, supplément au n° 191 de *Vènerie*, 2013, p. 8-14.

Dickson, Arthur. *Valentine and Orson*. Londres, Millford, Oford University Press, 1937.

Dontenville, Henri. *La France mythologique*. Nancy, Tchou, 1966.

Dubost, F. « Les Merveilles du cerf : miracles, métamorphoses, médiations ». *Revue des langues romanes,* n° 98 (2), 1994, p. 287-310.

Dubois, Claude-Gilbert. « La Mythologie nationaliste ». Dans *Guillaume Postel 1581-1981*. Actes du colloque international d'Avranches, septembre 1981. Paris, Trédaniel, 1985, p. 257-264.

Durin, Séverine. « Sur les routes de la fortune, commerce à longue distance, endettement et solidarité chez les Wixaritari (Huichol), Mexique ». Thèse de doctorat, université de Paris III, 2003.

Duymaz, Ali. « Anadolu - Turk efsanelerinde ağlayan ağaçlar » (Les Arbres qui pleurent dans les légendes turques d'Anatolie). Dans Gül, B., Ağca, F., et Gökçe, F. (dir.). *Bengü Bitig Dursun Yıldırım Armağanı*. Ankara, Türkbiliğ, 2013, p. 277-288 (en turc).

Eberhard, Wolfram. *Kultur und Siedlung der Randvölker Chinas*. Leiden, Brill, 1942.

Eliade, Mircea. *Le Chamanisme et les techniques archaïques de l'extase*. Paris, Payot, [1968], 1988.

Emmerick, Ronald E., et Skjærvø, Prods Oktor. « Buddhism. Buddhist Literature in Khotanese and Tumshuqese ». *Encyclopaedia Iranica*. Vol. IV, fasc. 5, 1989, p. 499-505.

Ermolova, Nadezhna V. « Olen' v tradicionnykh predstavlenijakh Èvenkov » (Le Renne dans les représentations traditionnelles des Evenks). Dans *Tradicionnye verovanija v sovremennoj kul'ture*. Sankt-Peterburg, Muzej Antropologii i Ètnografii, 1993, p. 152-167 (en russe).

Farid-ud-Din 'Attar. *Le Mémorial des saints*. Traduit du turc ouïghour par A. Pavet de Courteille. Seuil, Paris, 1976.

Feifei, Wu *et al.* « Deer antlers base as traditional Chinese medicine : a review of its traditional uses, chemistry and pharmacology ». *Journal of Ethnopharmacology*, n° 145, 2013, p. 403-415.

Flaskerud, Ingvild. *Visualizing Belierf and Piety in Iranian Shiism*. London, Continuum International Publishing Group, 2010.

Fletcher, John. *Deer*. London, Reakton Books LTD, 2014.

Foltz, Richard C. *Animals in Islamic Traditions and Muslim Cultures*. Oxford, Oneworld, 2006.

Gaidoz. *La Rage de Saint Hubert*. Paris, Picard, 1887.

Gaignebet, Claude. *A plus haut sens*. Paris, Maisonnneuve et Larose, 1986, 2 vols.

—, *Le Carnaval*. Paris, Payot, coll. Le regard de l'histoire, 1974.

Garrone, Patrick. *Chamanisme et Islam en Asie centrale*. Paris : Jean Maisonneuve, 2000.

—, « Contribution à une étude du bestiaire des croyances centrasiatiques ». D.E.A., EHESS, Paris, 2000.

Gaudefroy-Demombynes, Maurice. *Mahomet*. Paris, Albin Michel, [1957], 1969.

Gignoux, Philippe. « Ancien Iranian religion and shamanism ». Dans Walter, Mariko Namba et Neuman Fridman, Eva Jane (dir.). *Shamanism. An Encyclopedia of World Beliefs, Practices and Culture*. Santa Barabara, ABC Clio, 2004, p. 529-532.

Ginzberg, Louis. *The Legends of the Jews*. Philadelphia, The Jewish Publication Society, 1909.

Goldenberg, André. « Les Représentations animales au Maroc, leurs valeurs dans l'esprit populaire. » Thèse de doctorat, université de Paris V, 1983.

—, *Bestiaire de la culture populaire musulmane et juive au Maroc*. Aix-en-Provence, Édisud, 2000.

Gölpinarli, Abdülbaki. *Yunus Emre. Hayatı* (Yunus Emre. Sa vie). Istanbul, Bozkurt Y., 1936 (en turc).

GOLOVNEV, Andreï. « Le Double Mimétisme des éleveurs de rennes nénetses ». Dans Stépanoff, Charles, Ferret, Carole, Lacaze, Gaëlle et Thorez, Julien (dir.). *Nomadismes d'Asie centrale et septentrionale*. Paris, Armand Colin, 2013, p. 211-212.

GORDLEVSKIJ, V. A. « Bakha-ud-din Nakshbend Bukharskij (k voprosu o nasloenijakh v islame) » (Bahâ' al-Dîn Naqshband Bukhârî. Sur la question de son héritage en islam). Dans *Sergeju Fedorovichu Ol'denburgu*. Leningrad, Akademija Nauk SSSR, 1934, p. 147-169 (en russe).

—, « Khozha Akhmed Jasevi » (Khvâja Ahmad Yasavî). Dans *Akademik V. A. Gordlevskij izbrannye sochinenija. Istorija i kult'ura*. Moskva, Izdatel'stvo Vostochnoj Literatury, 1963, p. 361-368 (en russe).

GRABAR, André. *L'Iconoclasme byzantin*. Paris, Flammarion, coll. Idées et recherches, [1957], 1984.

HAMAYON, Roberte. *La Chasse à l'âme. Esquisse d'une théorie du chamanisme sibérien*. Nanterre, Société d'ethnologie, 1990.

—, « Siberian Shamanism ». Dans Walter, Mariko Namba et Neuman Fridman, Eva Jane (dir.). *Shamanism. An Encyclopedia of World Beliefs, Practices and Culture*. Santa Barabara, ABC Clio, 2004, p. 618-627.

HASLUCK, F. W. *Christianity and Islam under the Sultans*. New York, Octagon Books, [1929], 1973, 2 vols.

HELL, Bertrand. *Le Sang noir. Chasse et mythe du sauvage en Europe*. Paris, Flammarion, [1994], réédition L'œil d'Or, 2012

HENNE, Johann Michael. *Disputationem philologico-physicam de sive animali reem in codice diviniori…*. Wittemberg, 1711.

HEYNE, F. Georg. « On the symbolism of the shaman's costume among the reindeer Evenki in Manchuria ». *Shaman*, vol. XXI, n° 1-2, 2013, p. 19-66.

HUJIEXI, Gulibahaer (ou GHOJESH, Gulbahar). « Keerkeze zu samande zhouyu he shenge » (Chants et incantations des chamanes Kirghiz). Dans Seyin, Jinxiang (dir.). *Saman xinyang yu minzi wenhua*. Beijing, Zhungguo shehui kexue chubanshe, 2009, p. 383-413 (en chinois).

—, « Kirghiz bakhshi and the mazar ». Dans Sugawara, Jun et Dawut, Rahile (dir.). *Mazar. Studies on Islamic Sacred Sites in Central Asia*. Tokyo, Tokyo University of Foreign Studies Press, 2016, p. 35-46.

HUGO, Victor. *Légende du beau Pécopin et la belle Bauldour*. Bruxelles, Méline, 1842.

INAYET, Alimcan. « Uygur kültüründe geyik » (Le cerf dans la culture uyghure). Dans Gürsoy Naskali, Emine et Demir, Erkan (dir.). *Geyik Kitabı* (Le Livre du cerf). Istanbul, Kitabevi, 2013, p. 45-54 (en russe).

JACOBSON, Esther. *The Deer Goddess of Ancient Siberia*. Leiden, E. J. Brill, 1993.

—, *The Hunter, the Stag, and the Mother of Animals. Image, Monument, and Landscape in Ancient North Asia*. Oxford, Oxford University Press, 2015.

JOLY, A. « Saints de l'islam ». *Revue africaine*, 1908, p. 171-181.

Kazakhstan. Hommes, bêtes et dieux de la steppe. Paris, musée Guimet et Éditions Artlys, 2010.

KHENCHELAOUI, Zaïm. *Abû Madyan Shu'ayb. L'Algérie au cœur du soufisme*. Alger, Zaki Bouzid éd., 2011.

KARTAL, Numan. *İnegöl Folkloru* (Le Folklore d'Inegöl). İnegöl, s. éd., 1998 (en turc).

KING, Alexander D. « Without deer there is no culture, nothing ». *Anthropology and Humanism*, 27, 2, 2003, p. 133-164.

KISLJAKOV, N. A. « Okhota Tadzhikov doliny r. Khingou - v bytu i v fol'klore » (La Chasse dans la vie et le folklore des Tadjiks de la vallée du Hingou). *Sovetskaja ètnografija*, 1937, 4, p. 104-118 (en russe).

KLOSSOWSKI DE ROLA, Stanislas. *Le Jeu d'or*. Paris, Herscher, 1988.

KÖPRÜLÜ, M. Fuat. « Türk edebiyatında aşık tarzının menşe ve tekamülü » (Les origines du genre *aşık* et son évolution dans la littérature turque). Réédité dans Köprülü, M. Fuat. *Edebiyat Araştırmaları*. Ankara, Türk Tarih Kurumu, 1986, p. 195-238 (en turc).

KRISS, Rudolf, et KRISS-HEINRICH, Hubert. *Volksglaube im Bereich des Islam*. Wiesbaden, Otto Harrassowitz, 1962, vol. II.

KUMARTAŞLIOĞLU, Satı. « Geyik boynuzlarının yatırlarda şifa için kullanımı » (L'Usage des bois de cerf à l'intention des saints). *Milli Folkor*, année 27, n° 197, 2015, p. 137-148 (en turc).

LANOE-VILLÈNE. Georges. *Principes généraux de la symbolique des religions*. Paris, Fischbacher, 1916.

—, *Le Livre des symboles*, *études de symbolique et de mythologie comparées*. Paris, Librairie générale, 1935.

LAURANT, Jean-Pierre. *Symbolisme et Écriture, le cardinal Pitra et la clef de Méliton de Sardes*. Paris, Cerf, coll. Patrimoines, 1988.

LAVRILLIER, Alexandra. « Spirit-charged animals in Siberia. » Dans Brightman, Marc, Grotti, Vanessa Elisa and Ulturgasheva, Olga (dir). *Animism in Rainforest and Tundra. Personhood, Animals, Plants and Things in Contemporary Amazonia and Siberia*. Cambridge, Cambridge University, 2012, 2014, p. 113-129.

LE GOFF, Jacques. *La Naissance du Purgatoire*. Paris, Gallimard, 1981.

LEGROS, H.-M. « Les Cerfs-volants support des armes de Charles VI ». *Revue des études historiques,* n° 96, 1930, p. 1-2.

LE SCOUEZEC, Gwene'Hlan. *Le Guide de la Bretagne,* Spezet, Coop Breizh, 2002.

LOMBARD-JOURDAN, Anne. *Aux origines du carnaval*. Paris, O. Jacob, 2005.

LOT-FALCK, Éveline. *Les Rites de chasse chez les peuples sibériens*. Paris, Gallimard, 1953.

—, « L'Animation du tambour ». *Journal asiatique*, n° 259, 1961, p. 213-239.

—, « À propos d'un tambour de chamane Toungouse. » *L'Homme*, tome I, n° 2, 1961, p. 23-50

MACKILLOP, James. *Myths and Legends of the Celts*. London, Penguin Books, 2006.

MAGALI, Jérôme. « L'Art des "pierres à cerfs" de Mongolie. » *Arts asiatiques*, tome LX, 2005, p. 172-180.

MASSOL, Marquis de. « Le Mont Thessala et la ville d'Aïn-Temouchen (province d'Oran). » *Revue de l'Orient, de l'Algérie et des colonies*, Paris, Just Rouvier, tome XII, 1852, p. 307-314.

MÁTTÉFFY, Attila. « The Hind as the ancestress, Ergo Virgin Mary – comparative study about the common origin myth of the Hun and Hungarian people ». *Sociology Study*, vol. II, n° 12, p. 941-962.

MECDÎ Mehmed Efendî. *Şaqâ'iq Nu'mâniyye va Zeyilleri. Hadâ'iqül-Şaqâ'iq*. Édité par Abdülkadir Özcan. Istanbul, Çağrı Y., 1989, 3 vols. (en turc ottoman).

MÉRINDOL, Christian de. *Le Décor des églises en France méridionale XIIIe-milieu XIVe siècle*. Toulouse, Privat, Les Cahiers de Fanjeaux, 1994, n° 28.

MIKOV, Lyubomir. *Bulgaristan'da Alevi-Bektaşi Kültürü* (La Culture alévie-bektachie en Bulgarie). [2006], traduit du bulgare, Kitapyayinevi, 2008 (en turc).

Mollier, Pierre. « Un emblème maçonnique chrétien au siècle des Lumières ». Dans Brach, Jean-Pierre et Rousse-Lacordaire, Jérôme (dir.). *Études d'histoire de l'ésotérisme*. Paris, Cerf, 2007, p. 173-182.

Muhammed Bin Salih Ad-Dimaskî. *Peygamber Külliyâtı* (Œuvres complètes du Prophète). Traduit de l'arabe. Istanbul, Ocak Yay., 2004, vol. IX. (en turc).

Neveu, Édouard de. *Les Khouan, ordre religieux chez les musulmans de l'Algérie*. Paris, A. Guyot, 1846.

Ocak, Ahmed Yaşar. *La Révolte de Baba Resul ou la formation de l'hétérodoxie musulmane en Anatolie au xiii*[e] *siècle*, Ankara, TTK, 1989.

—, *Kalenderîler. xiv-xvii. yüzyıllar* (Les *Qalandar*. xive-xviie siècle). Ankara, Türk Tarih Kurumu, 1992 (en turc).

—, *Alevi ve Bektaşi İnançlarının İslam Öncesi Temelleri* (Les fondements préislamiques des croyances alévies et bektachies). Istanbul, İletisim, [1983], 2003 (en turc).

Ögel, Bahaeddin, *Türk Mitolojisi* (La Mythologie turque). Ankara, TTK, vol I, 1989, vol. II, 1995 (en turc).

Olufsen, O. *The Emir of Bokhara and His Country. Journey and Studies in Bokhara*. London, Gyldendalske Boghandel, Nordisk Forland Copenhagen, 1911.

Önal, Mehmet Nacı. *Muğla Efsaneleri* (Légendes de Muğla). Muğla, Muğla Üniversite Y., 2003 (en turc).

O'Regan, B. P., et javadi, H. « Ahu ». *Encyclopædia Iranica*. 1984, vol. I, fascicule VII, p. 681-683.

Özkan, Selim Hilmi. « Gündoğmuş (Antalya) ve köylerinde anlatılan geyik efsanesi ve bu efsane üzerine bir değenlendirme » (Les Légendes de cerfs à Gündoğmuş (Antalya) et dans ses villages et une analyse sur ce point). *Karadeniz Sosyal Bilimler Dergisi*, année 3, n° 4, printemps 2011, p. 47-54 (en turc).

Pastoureau, Michel. *Les Animaux célèbres*. Paris, Bonneton, 2001.

—, *Bestiaires du Moyen Âge*. Paris, Seuil, 2011.

Paton, Lucy A. *The Story of Grisandole, a study on the legend of Merlin*. S. i., the Association, 1907.

Peker, Selçuk. *Mezar ve Türbelere Kült Merkezli bir Bakış. Aksaray Örneği* (Un Regard sur le culte accompli auprès des tombes et des mausolées. Le cas de la ville d'Aksaray). Konya, Kömen, 2015.

PITRA, Card. Jean-Baptiste. *Analecta sacra spicilegio solesmensi parata*. Tusculum, 1883.

PRZEWORSKI, Stefan. « Notes d'archéologie syrienne et hittite IV. Le culte du cerf en Anatolie ». *Syria*, tome XXI, fascicule I, 1940, p. 62 -76.

PUECH, Charles. « Notes sur le symbolisme de la mosaïque découverte au baptistère de Henchir Massaouda. » *Cahiers archéologiques,* n° 4, 1949, p. 17-60.

ROUX, Jean-Paul. *Les Traditions des nomades de la Turquie méridionale. Contribution à l'étude des représentations religieuses des sociétés turques d'après les enquêtes effectuées chez les Yörük et les Tahtacı*. Paris, Librairie Adrien Maisonneuve, 1970.

—, *Faune et Flore sacrées dans les sociétés altaïques*. Librairie d'Amérique et d'Orient Adrien Maisonneuve, Paris, 1966.

ROWLING, Joanne K. *Harry Potter*. Paris, Gallimard, 2009 (huit films ont été tirés du roman).

SATO, Tsugitaka. « The Sufi legend of Sultan Ibrâhîm b. Adham ». *Orient*, vol. XLII, 2007, p. 41-54.

SCHMITT, Jean-Claude, *Les Revenants, les vivants et les morts*. Paris, Gallimard, coll. Bibliothèque des histoires, 1994.

—, *Le Saint lévrier, guérisseur d'enfants depuis le XIII*e *siècle*. Paris, Flammarion, coll. Champs, [1979], 2004.

SCHNEIDER, Ulrich. « On the buddhist origin of the christian legend of Placidus = St Eustachius ». [1961]. Réédité dans U. Schneider. *Opera Minora*. Wiesbaden, Harrasowitz, 2002, p. 115-123.

LE SCOUEZEC, Gwenc'hlan. *Le Guide de la Bretagne*. Spezet, Coop Breizh, 1999.

SED, Nicolas-Jean (éd.). « Le Désir du cerf ». Dans *La Vie spirituelle*. Paris, Cerf, 1997.

SELÇUK, Ali. *Tahtacılar. Mersin Tahtacıları Üzerine bir Arastırma* (Les Tahtacı. Une étude sur les Tahtacı de Mersin). Istanbul, Yeditepe, 2004 (en turc).

SELLS, Michael A. « Ibn 'Arabî's Garden among the Flames : A Reevaluation ». *History of religions*, vol. XXIII, n° 4, May 1984, p. 287-315.

SEN, Mesut. « Keyik ». Dans Gürsöy Naskali, Emine et Haltun, Hilal Oytun (dir.). *Av ve Avcılık Kitabı* (Le Livre de la chasse et des chasseurs). Istanbul, Kitabevi, 2008, p. 75-88 (en turc).

SHIH, Hsio-Yen. « Readings and Re-Readings of Narrative in Dunhuang Murals ». *Artibus Asiae*, vol. LIII, n° 1/2, 1993, p. 59-88.

SIMŞEK, Esma. « Giresun ve çevresinde anlatılmakta olan 'Ana Geyik'efsanesinde mitolojik unsurlar » (Les Éléments mythologiques dans la "légende du cerf" tels qu'ils sont expliqués à Giresun et dans ses environs). *Milli Folklor*, vol. IV, année 7, n° 26, été 1995, p. 17-22 (en turc).

SMITH, Margaret. *Râbi'a the Mystic and her Fellow-Saints in Islam*. Cambridge, University Press, 1928.

SOMFAI KARA, Dávid ; HOPPÁL, M. et SIPOS, J. « The sacred valley of Jay Ata and a Kirghiz shaman from Xinjiang, China ». *Shaman*, 15, 1-2, 2007, p. 47-68.

SOMMER, H. O. *The Vulgate version of the Arthurian Romances*. Washington, 1909-1916.

Splendeur de l'enluminure. Le roi René et les livres. Paris, Actes Sud, dir. Avril, François, 2009.

STÉPANOFF, Charles. « Devenir-animal pour rester-humain. Logiques mythiques et pratiques de la métamorphose en Sibérie méridionale. » *Images Re-vues*, 6, 2009 (revue en ligne : http://imagesrevues.revues.org/388).

—, *Chamanisme, rituel et cognition chez les Touvas de Sibérie du Sud*. Paris, Édition de la Maison des Sciences de l'Homme, 2014.

STÉPANOFF, Charles et ZARCONE, Thierry. *Le Chamanisme de Sibérie et d'Asie centrale*. Paris, Gallimard, 2011.

SUKHAREVA, O. A. « Perezhitki demonologii i shamanstva u ravninnykh tadzhikov », (Les Survivances démoniaques et chamaniques parmi les Tajiks de la plaine. Dans *Domusul'manskie verovaniya i obryady v Srednei Azii*. Moscow, Nauka, 1975, p. 5-93 (en russe).

TAJZHANOV, K. et ISMAJLOV, H. « Osobennosti doislamskikh verovannij u uzbekov-karamurtov » (Les Particularités des croyances préislamiques chez les Uzbeks de Karamurt). Dans *Drevnie obrjady verovanija i kul'ty narodov srednej Azii*. Nauka, Moskva, 1986, p. 110-138 (en russe).

TANYU, Hikmet. *Ankara ve Çevresinde Adak ve Adak Yerleri* (Vœux et lieux de vœux à Ankara et dans ses environs). Ankara, Ankara Üniversitesi İlahiyat Fakültesi Y., 1967 (en turc).

THIERRY, Nicole. « Art byzantin du haut Moyen Âge en Cappadoce : l'église n° 3 de Mavrucan ». *Journal des savants*, 1972, p. 233-269.

—, « Le Culte du cerf en Anatolie et la vision de saint Eustathe. » Dans *Monuments et mémoires de la Fondation Eugène Piot*. tome LXXII, 1991, p. 33-100.

—, « Deux couvents gréco-arméniens sur l'Euphrate taurique. » *Byzantion*, vol. LXI, 1991, p. 496-519.

TÜRKMEN, Mustafa Nuri. *Osmanlıda Av Kültürü* (La Culture de la chasse chez les Ottomans). Istanbul, Bilgi Kültür Sanat, 2013 (en turc).

ÜÇER, Müjdan. « Sivas yöresinde geyikle ilgili halk inançları » (Croyances populaires ayant trait au cerf dans la région de Sivas). Dans Gürsoy Naskali, Emine et Demir, Erkan (dir.). *Geyik Kitabı* (Le Livre du cerf). Istanbul, Kitabevi, 2013, p. 5-26 (en turc).

VIRÉ, F. « Ghazâl ». *Encyclopédie de l'islam 2*, Leiden, Brill, 1977, tome II, p. 1060-1062.

WALTER, P. et LACROIX, D. *Tristant et Yseut, les poèmes français, la saga norroise*. Paris, Le Livre de Poche, 1993.

YALMAN, Ali Rıza (Yalkın). *Cenupta Türkmen Oymakları* (Les Nomades turkmènes du Sud). Ankara, Kültür Bakanlığı, 1977, 2 vols. (en turc).

YEŞILDAL, Ünsal Yılmaz. « Anadolu'da Folklorunda Geyik » (Le Cerf dans le folklore d'Anatolie). Konya, yüksek lisans, Selçuk Üniversitesi, 2007 (en turc).

ZAMBON, Francesco et GROSSATO, Alessandro. *Il Mito della fenice in Oriente e Occidente*. Venezia, Marsilio, 2008.

ZARCONE, Thierry. « Le Culte de Bahâ' al-Dîn Naqshband à Bukhara (Uzbekistan). » *Journal of Turkish Studies*, n° 19, 1995, p. 231-244.

—, « Quand le saint légitime le politique : le mausolée de Afâq Khvâja à Kashgar. » *Central Asian Survey*, vol. XVIII, n° 2, June 1999, p. 225-241.

—, « Interpénétration du soufisme et du chamanisme dans l'aire turque : "chamanisme soufisé"et "soufisme chamanisé"». Dans Aigle, Denise, Brac de la Perrière, Bénédicte et Chaumeil, Jean-Pierre (dir). *La Politique des esprits. Chamanismes et religions universalistes*, Nanterre, Société d'ethnologie, 2000, p. 383-396.

—, « Le Culte des saints au Xinjiang de 1949 à nos jours. » *Journal of the History of Sufism*. Jean Maisonneuve, Paris, n° 3, 2002, p. 133-172.

—, « Hommes-pierres, hommes-arbres et hommes-animaux en Asie turque et en Europe orientale ». *Diogène*, n° 207, 3/2004, p. 44-58.

—, « Bektashiyya ». *Encyclopedia of Islam 3*. 2014, p. 21-30.

ZHONG, Jinwen. « Shamanism in Yughur folk tales ». *Shaman*, vol. III, n° 1, printemps 1995, p. 55-66.

Filmographie

Benioff, David et Weiss, D. B. *Game of Thrones*. Série télévisée, 2016.
Erman Film. *Alagayik* (Le Cerf), Film, 1969.
Macdonald, Kevin. *L'Aigle de la neuvième légion*. Film, 2011.
Miyasaki, Hayao. *Princesse Mononoké*. Film d'animation, 1997.
Planchon, Roger. *Louis enfant roi*. Film, 1998.
Sanders, Rupert. *Blanche Neige et le chasseur*. Film, 2011.

Index des noms et toponymes

C

D

E

F

Index thématique

D

E

F

G

H

Table des illustrations

Remerciements

Philippe Berthet, Jean Clottes, Marie-Jeanne Coloni, Philippe Faure, Patrick Garrone, David Gattegno, Dan Jaffé, Catherine Pinguet, Sharokh Raei, Olivier Roduit, Jérôme Rousse-Lacordaire, Jean-Marie Mercier et Maurice Perdereau pour leur vigilante relecture.

Table des matières

III. Chasse qui sauve, chasse qui perd

Ce volume,
publié aux Éditions Les Belles Lettres,
a été achevé d'imprimer
en octobre 2017
sur les presses
de l'imprimerie SEPEC
01960 Peronnas

N° d'éditeur : 8756
N° d'imprimeur : 05425170906
Dépot légal : novembre 2017

Imprimé en France

PEFC 10-31-1470 / **Certifié PEFC** / Ce produit est issu de forêts gérées durablement et de sources contrôlées. / pefc-france.org

IMPRIM'VERT®